守如子
前川直哉
編

基礎ゼミ
Preliminary Seminar of
Gender Studies

ジェンダー
スタディーズ

世界思想社

本書をご購入いただいた方には、書き込み可能な PDF 版ワークシートを提供します。
ご入用の方は、申請フォームに必要事項をご記入いただき、送信してください。
https://docs.google.com/forms/d/e/1FAIpQLScCBjwhGD7jHHX36xzNlqdFf8nca
QFLILXCfdX7EWAV5d5mxw/viewform

目　次

はじめに

　ある朝、あわただしく支度していると、テレビから同性婚に関するニュースが流れてきました。裁判で間もなく判決が出るようです。同性同士の結婚を認めない法律の規定は憲法違反だと訴える原告の声も取り上げられています。もっと見ていたいのですが、そろそろ家を出る時間です。早足で駅へ向かう途中、保育園へ子どもを送るスーツ姿の父親とすれ違いました。楽しそうな子どもの声を聞くと、朝からほっこりした気分になります。

　今ではさして珍しくないこんな光景も、30年ほど前にはあまり見られなかったものです。子育てに積極的にかかわる男性は今よりずっと少なく、同性愛など性的マイノリティがテレビで取り上げられるのは差別的な「笑いのネタ」としてがほとんどで、人権にかかわる真面目なテーマとしてはなかなか扱われませんでした。

　近年、働く女性の数も、男性の育児休業取得率も、確実に増加しています。多様な性への理解も、以前よりは進みました。一方で現在もなお、男女の平均賃金に大きな差があること、子育ての負担が母親に多くかかっていることや、性的マイノリティがさまざまな生きづらさを抱えていることも確かです。これらはいずれも、客観的なデータで示すことができます。

　人びとの生き方が急激に変化するなかで、ジェンダーやフェミニズム、性的マイノリティに関する話題が、これまでにないほど注目を集めています。日本のジェンダー・ギャップ指数の低迷や、性的マイノリティに対する理解増進法の制定など、ジェンダーについて学ぶ重要性は近年、ますます高まっています。

　その一方で、ネットなどでは、事実に反する思い込みから議論が展開されている場面をみかけることも少なくありません。本書では、現在の私たちが知っておくべきジェンダーに関する知識を提供するとともに、具体的な事実やデータ、分析にもとづいて、読者のみなさんと考察を深めていくことをめざします。

ジェンダーとは何か

　学問分野としてのジェンダー研究^{スタディーズ}（ジェンダー & セクシュアリティ研究ともいいます）は、さまざまな学問の中で比較的新しい分野です。「ジェンダー」という言葉が現在のような概念として使われはじめたのも 1970 年代のことで、その後もフェミニズム運動や性的マイノリティによる反差別運動などと、学問の世界が互いに影響を与え合いながら、学問分野としてのジェンダー研究が形づくられてきました。また、ジェンダーとはどのようなものであるのかということ自体が重要な論点であるため、論者によってこの言葉の定義が微妙に異なっており、そのことがジェンダー研究という学問分野を難しく感じさせてしまう理由のひとつにもなっているかもしれません。

　さまざまな定義があるなかで、本書では、「ジェンダー」という概念に、2 つの意味があることに注目します。

　ひとつは、「男は○○だ」「女は○○だ」といった私たちが自明視する男女のありようは、不変のものではなく、社会によって、つまり私たちの日々のさまざまな言動の積み重ねによって、つくりあげられているという点です。

　もうひとつは、ジェンダーとは、人間を男と女に分類する、社会的なルール（規範）であるという点です。学校や家庭、職場から、ファッションやスポーツ、メディア表現まで、「男」や「女」という性別が枠組みとなっている場面は少なくありません。この「男」と「女」という枠組みは、これまで企業のトップや政治家に男性が多かったことからもわかるように、社会の中心が男性になるようにつくりあげられており、女性はそこから排除されてきました。また、この「男」と「女」という既存の枠組みにすんなりあてはまらないとされた人々（たとえば、性的マイノリティはそれにあたります）も、社会から排除されてきました。

　その一方で、社会によってつくりあげられたものである以上、ジェンダーのありかたは、これまでも変化しつづけてきましたし、これからも変えていくことができます。本書は、社会によってつくりあげられているジェンダーのありかたを、さまざまな主題を通して見つめなおしていきます。

多様性とインターセクショナリティ

　ただし、ジェンダーが社会によってつくりあげられているといっても、男性

ならば男性全員が、女性ならば女性全員が、同じような経験をしたり、同じような考えをもっていたりするということを意味しているわけではありません。

　ジェンダーに関する講義で、教員が女性ならば、講義内容を「女性目線の話」だと決めつけられることがあります。しかし、たとえば、50代の女性と20代の女性は、「女性」として同じ困難を抱えているといえるでしょうか？　経済的に安定した男性と不安定な男性にとって、「男性」であることから生じる問題は同じでしょうか？　女性だからといって、すべての女性を代表して「女性の目線」から話ができるわけではありません。私たちはまずはいったん、「女性は○○だ」「男性は○○だ」という思い込みを疑ってみる必要があります。

　同じ「男性（あるいは女性）」であっても、各人が直面するジェンダー問題は異なっているということを、もっとも意識化させてくれるのが、「インターセクショナリティ」という概念です。インターセクショナリティとは、「交差性」を意味しています。この語は、1980年代アメリカの、ブラック・フェミニズム（黒人女性のフェミニズム）によって生み出されました。

　1960年代に始まるフェミニズム運動は、第2波フェミニズムと呼ばれていますが、そのきっかけとなったベストセラー『The Feminine Mystique（女らしさの神話）』で、B.フリーダンは妻や母であることだけが期待される家庭の主婦の満たされない思いを「名前がない問題」と呼びました（フリーダン2024、原著初出は1963）。けれども、これは白人中流階級の女性にとっての問題であって、最初から家庭に閉じこもるような経済的余裕のない有色人種や労働者階級の女性たちにとっては大きな問題ではありませんでした。

　この例が表しているように、白人女性と黒人女性が直面するジェンダー問題はすべてが同じとはいえません。黒人女性は人種にもとづく差別と、性別にもとづく差別を二重に経験するだけでなく、白人女性とも、黒人男性とも異なる差別に直面しています。「インターセクショナリティ」という言葉は、性差別と人種差別の両者が交わる交差点（インターセクション）で、あちらからもこちらからも、そして時には全部の方向からくる独自の差別にもぶつかる状況を示しています。また、この語は、この社会の中で、性差別と人種差別は切り離された問題ではないということも表しています（清水2021）。

　インターセクショナルな差別は、もちろんアメリカ社会だけのものではあり

ません。たとえば、筆者の一人（守）は北海道出身で、開拓民をルーツにしていますが、アイヌ民族に対する差別を目撃し、心苦しい気持ちを抱いたことは少なくありません。調査によると、現在でもアイヌの人々の半数以上が被差別経験をもっており、男性よりもアイヌ女性が被る不利益・不公平が多いことがわかっています（佐々木 2016）。アイヌ女性は、アイヌ男性や、和民族の女性が直面する差別に加えて、独自の差別にも直面しているのです。

ジェンダーは、人種や民族（エスニシティ）だけでなく、セクシュアリティや、階級、障害の有無、国籍や居住地、年齢など数々のカテゴリーと関係し合い、互いを形づくっています。本書を通じて、さまざまな立場の男性や女性が直面しているジェンダー問題を知り、自分の経験との差異や共通点を考えてみてもらえたらと思います。

本書の特長

ここで、本書の特長を整理しておきましょう。

①インターセクショナリティの視点を重視する

本書はインターセクショナリティの視点を大切にしています。この視点によって、複雑な現代社会のジェンダーのあり方が、よりクリアにみえてくるでしょう。締めくくりとなる第Ⅳ部では、この点をさらに深めていきます。

②多様な性のあり方を前提とする

かつてのジェンダーに関する教科書では、異性愛のシスジェンダー（出生時に割り当てられた性別と性自認が一致している人）が前提とされ、性的マイノリティについては最後のほうで少し扱われるだけという場合も珍しくありませんでした。本書では最初から多様な性のあり方を前提とし、第3章で詳しく解説したうえで、さまざまな章で多様な性のあり方について考察しています。

③多彩なトピックについて、第一線で活躍する研究者が執筆

ジェンダー研究の射程は多岐にわたるため、すべてを網羅的に取り上げることはできません。本書では、学生が抱きやすい疑問や社会でよく争点になる話題を取り上げました。各章は第一線で活躍中の研究者が執筆し、それぞ

れのテーマについて最新の知見を惜しみなく披露してもらっています。

④「問い」をデータで検証していくスタイル

各章はテーマを「問い」の形で提示し、データ・理論・調査方法などを示しながら論じるスタイルをとっています。これには、2つの目的があります。ひとつは、自分自身の思い込みに気づいてもらうことです。身近なことであるからこそ、私たちはさまざまな思い込みをもってしまいがちです。本書が思い込みを解きほぐす機会になったらこれほどの喜びはありません。もうひとつは、問いを立てデータで検証する方法を示すことで、学問のはじめの一歩であるレポートや論文執筆の参考にしてもらうことです。ただし、各章の問い方や論じ方については、あくまでもひとつの例であると捉えてください。

⑤考察や問いを広げる、豊富なワーク

各章にはそのテーマを通じて取り組んでほしいワークを盛り込んでいます。これらのワークに取り組むことによって、「自分ならこの問いについてこういう分析をしてみたい」「ここをもっと考えたい」といったように、考察や問いを広げてもらえたらと思います。

⑥ジェンダー研究を身近に感じられるコラム

各章の終わりには「キーワード」や「ブックガイド」に加え、「わたしとジェンダー」などのコラムも用意しました。近年、ジェンダー研究に対して「難しそう」というイメージをもつ人も増えてきているように感じます。「わたしとジェンダー」では、ジェンダー研究を少しでも身近に感じてもらうために、各章の執筆者それぞれがなぜジェンダー研究に取り組んできたのか、何に疑問を抱いているのか、その一部をコラムにしてもらいました。

以上のような特長により、ジェンダーについて初めて学ぶ人にも、すでにある程度知識がある人にも、最近の研究動向を学び直したい人にも、最適な一冊となるよう工夫を凝らしたつもりです。本書がジェンダー研究の新しい定番の教科書になればと願っています。

ジェンダーに関する主題は、時に自分を深く見つめなおしたり、つらかった

経験をよみがえらせたりしてしまうこともあるかもしれません。性被害を想起させる可能性がある章については、章の最初にその旨を明記しています。また、ワークへの取り組みについては、多様な人がいる可能性について、十分に注意を払ってください。

本書の構成

　本書は4部構成をとっています。

　第Ⅰ部は、ジェンダーの視点を身につけるための、基礎にあたる部分です。あらためて「女らしさ・男らしさ」がこの社会でいかにつくりあげられているのかについて考察を深めます。また、性的マイノリティが直面している問題について考察を深めることを通じて、私たちの社会における「男」と「女」という枠組みがどのようなものなのかを再考していきます。

　第Ⅱ部では、本書を手に取ることが多いであろう、若い世代を念頭におき、身のまわりのジェンダー問題を取り上げます。実生活で意識されているかどうかはわかりませんが、じつは、学校生活などにも、「男」や「女」という枠組みが使われている場面を見つけることができます。第Ⅱ部では、あたりまえのものとして見過ごされてしまっている日常生活の中のジェンダー問題を見つめなおしていきます。

　第Ⅲ部では、社会的な課題としてさまざまな場面で話題になることが多いテーマを取り上げました。少子化や家族、女性専用車両、フェミニズムなどのジェンダーの話題として注目されるテーマだけでなく、災害のような現在の社会が抱える問題にも切り込んでいます。

　第Ⅳ部では、障害女性、部落女性、トランスジェンダーを主題に、本書の核となる「インターセクショナリティ」を正面から取り上げます。

　冒頭でも触れた通り、多くの人の努力で社会は変わってきましたが、人権やジェンダー平等の観点からすると、今なおこの社会は不完全だといえます。本書は、ジェンダーについて考えることを通じて、自分が生きやすくなり、社会をよりよいものにしていくための「学び」を提供することを企図しています。

守如子・前川直哉

第 I 部

ジェンダーの視点を身につける

第 **1** 章

「女らしさ・男らしさ」を決めるのは誰？
―― ジェンダー、性差別、ジェンダー・ギャップ指数

前川直哉

1 「女らしさ」「男らしさ」という規範

| 「女らしさ」「男らしさ」 |
| のイメージ |

　「女らしさ」「男らしさ」と聞いてイメージするものは何だろうか。少しのあいだこの本を置いて、これまでの自分の経験や、誰かに言われたことなどを振り返ってみよう。

　筆者が、ある大学で同様のワークをしたときには、次のような回答が並んだ。

女らしさ	男らしさ
料理ができる、お菓子作り、気が利く、きれい好き・清潔、清楚、かよわい、愛嬌がある、髪が長い、スカート、可愛い	力が強い、筋肉、リーダーシップ、決断力がある、度胸がある、がさつ、髪が短い、ひげ、無口、涙を見せない

　他にもいろいろな回答が出てくることだろう。伊田広行は『はじめて学ぶジェンダー論』で同様のワークをした後、世間の多数派が考える「女らしさ」として「やさしい、非権威的、従順的」などを、「男らしさ」として「やさしくない、権威的、支配的」などをあげ、表にまとめている（伊田 2004：19）。

　これらを眺めていると、あることに気づく。たとえば「髪が長い／髪が短い」「かよわい／力が強い、筋肉」などのように、女らしさのイメージと男らしさのイメージは、対になっているものが多い。「女は愛嬌、男は度胸」のようにセットで語られる常套句もある。

グループ化してみると、「女らしさ」には「他者をケアする役割（家事や「気が利く」など）」や「見た目の美しさ」に関するものが目立つ。一方「男らしさ」のイメージとしては、「仕事や能力、競争」や「肉体的な頑強さ」に関するものが多い（もちろん、それ以外もある）。

ジェンダー規範　こうした女らしさ・男らしさは、たとえば男性の正装がスカートである文化もあるように、時代や文化によって大きく異なる。つまり時間や空間を超えた普遍的・絶対的なものではなく、これまでも変わってきたし、今後も大きく変化しうるものだ。

だが私たちは自分が暮らす時代・文化の女らしさ・男らしさから、非常に強い影響を受けている。具体例をひとつあげてみよう。個人的な経験談で恐縮だが、筆者は子どものころから球技がきわめて苦手だった。これは男性（シスジェンダー男性）である私の中では、たんに「球技が苦手だ」ということに留まらない、もっと自分の内面に深く刺さったコンプレックスだった。

私はピアノも弾けないし、絵も描けないし、英会話も苦手である。だがそれらは、球技ほどの痛みを私にもたらすことはない。なぜなら私の中で、そして当時の日本に生きる同世代の多くの人びとのあいだで、「球技ができる」ことは「男らしさ」のイメージのひとつだったからだ。それゆえ少年時代の私は、球技ができない自分を「男性として何かが欠けている存在」と見なし、劣等感に囚われていたのである。ピアノや英会話では、ここまで考えない。

このように人びとの考えや行動を縛る価値観を規範と呼び、特に性別にかかわる規範は**ジェンダー規範**と呼ばれる。ジェンダーという言葉を、江原由美子は「当該社会である程度共有されている性別に関する社会通念や行為規範等」（江原 2021）、伊田広行は「社会的に多くの人が信じこんでいる性のあり方や性役割」（伊田 2004）と説明している。「女性は（男性は）〇〇すべきだ／〇〇すべきではない」といった言葉で表現できるのがジェンダー規範だと考えるとわかりやすいだろう。ジェンダーという語の定義は多様で、この語自体に「規範」の意味が含まれることも多いが、とくにこの要素を強調するときに「ジェンダー規範」の語が用いられている。

先にあげた女らしさ・男らしさのイメージは、ジェンダー規範とつながって

いる。「女性は料理ができるべきだ」「男性は力強くあるべきだ」という規範が
ある社会では、料理が苦手な女性や筋肉があまりない男性は劣等感を抱きがち
になる。

　ほとんどの人は生まれた瞬間から女性・男性という性別を割りあてられ、常
に性別に則った行動をするよう求められる。小さな子どもがオモチャを乱暴に
投げたときを想像してみよう。その子どもに割りあてられた性別によって、「ダ
メだよ、女の子はそんな乱暴しちゃ」とたしなめられたり、「男の子はそのく
らい元気なほうがいい」と褒められたりするかもしれない。私たちは驚くほど
幼いころから、女性として、または男性として扱われ、ジェンダー規範に沿っ
たふるまいを求められつづけてきているのだ。

　こうした規範は外からの規範、つまり他者からの規範として働くだけではな
く、内面化され、内からの規範としても機能する。つまり自分の言動を、自分
の内側から縛ることになる。何かしようとするとき、私たちはその言動が自分
の割りあてられた性別の規範に適合しているかを無意識に判断したうえで、何
かを行ったり、行わなかったりするのだ。

　規範は英語で norm だが、この語には基準、標準といった意味もある。形容
詞にすると normal だ。ジェンダー規範に沿った状態が標準的、ノーマルと見
なされ、そこから外れるとアブノーマルとされる、と考えるとわかりやすいか
もしれない。

ワーク1

　これまで誰かに「もっと女らしく（男らしく）したほうがいい」と言われ
た経験はあるだろうか。または自分で「もっと女らしく（男らしく）しなけ
れば」と考えたことはあるだろうか。その場合の「女らしさ」「男らしさ」
は具体的に何を指していたか、記憶をたどってみよう。

2 性別役割分業

「男は仕事、女は家庭」は日本の伝統？

女らしさ・男らしさのイメージやジェンダー規範にはさまざまなものがある。江原（2021）は「男は活動の主体、女は他者の活動を手助けする存在」という「性別分業」と、性的欲望の主体を男という性別カテゴリーに、性的欲望の対象を女という性別カテゴリーに強固に結びつける「異性愛」の 2 つを「ジェンダー秩序」としてあげている。こうした整理は多くの人が納得するものではないだろうか。

本章ではとくに「他者をケアする役割」が女らしさに、「仕事や能力、競争」が男らしさに結びつけられている点を考えよう。ここには「男性は外で仕事、女性は内で家事・育児」という近代的な性別役割分業観が存在している。

「近代的」という通り、この分業は決して「日本の伝統」ではない。江戸時代、日本列島で暮らす人の大半を占めていた農民の生活を考えてみよう。仕事である農業は家族総出で行われ、老若男女を問わず働ける人はみな働いていた。また家事・育児は女性が担うと決まっているわけではなく、手のあいている人が行うのが一般的だった（そもそも、家事と仕事の境界も曖昧だが）。比較的手のあいている祖父母や兄・姉が幼い子を世話する姿は、近代に入っても珍しいものではない。

近代的な性別役割分業にもとづく家族（近代家族）は、明治期に一部の知識人が提唱し、大正期の大都市にホワイトカラー層が登場したことで実体化した。広く日本社会にこうした家族が普及するのは、戦後の高度経済成長によって「農業からサラリーマンへ」と産業構造が大きく転換してからのことである（落合 2019；前川 2011 など）。

「個人の価値観」の問題なのか

ここまで読んで、次のような感想を抱いた読者もいるかもしれない。

「男性は外で仕事、女性は内で家事・育児」という近代的な性別役割分業観が比較的新しい価値観だということや、それがさまざまなジェンダー規範につながっていることは理解した。だが、それがどうしたというのか。自分は世間

でいう「女らしさ・男らしさ」なんかに縛られないし、人を判断する物差しにもしない。結局のところジェンダーは「個人の価値観」の問題に過ぎず、わざわざ学ぶ必要はなさそうだ、と――。

　だがこれは決して、個人的な、些細な問題ではない。なぜなら社会で広く共有されているジェンダー規範が、多くの**性差別**と深く結びついているからだ。次節では、そのように考えられる根拠として、現在の日本のデータをいくつかみていこう。

3　性別役割分業観がもたらす性差別

**非対称な男女の
ライフコース**

　「21世紀出生児縦断調査」という、厚生労働省・文部科学省が毎年行っている調査がある。このデータを使うと、2001年生まれの人の親の状況が子の出生前後でどう変化したかもわかる。2001年生まれの子が生まれる1年前、母親の54.5％が働き（常勤は31.7％）、無職は44.6％だった。子が生まれると母の73.7％が無職となる。とくにこの子のきょうだい数が1人（本人のみ）の場合、つまり姉や兄がいない場合、有職率は73.5％から24.6％へ、常勤で勤めている人は47.2％から17.8％へと急減する（図1-1）。なお、育児休業取得者は有職に含まれている。

　子の成長につれ母親の有職率が上がるが、子が16歳の時で常勤は26.2％と、出産1年前を下回っている。多いのはパート・アルバイトで47.2％だ（文部科学省 2018）。「常勤で勤めていたが、結婚・出産を機に退職、子が成長するとパートで働く」というのが、現代の若者の母親世代の一般的なライフコースで

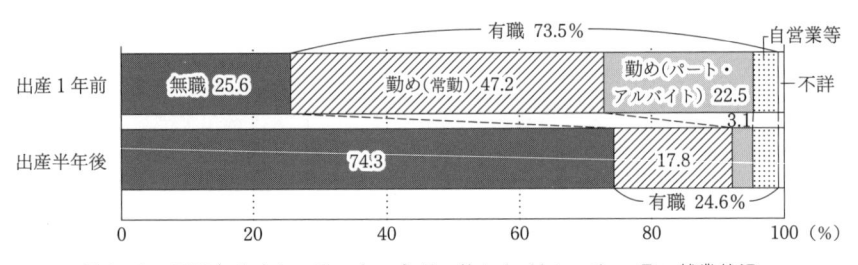

図1-1　2001年生まれの子のきょうだい数1人（本人のみ）の母の就業状況
（n=22,914。nはサンプル数を示す）（厚生労働省 2002）

あるとわかる。一方、父の就業状況は子の誕生前後でほとんど変化しておらず、ジェンダー非対称な状況が浮き彫りになる。なお母親の就労については近年変化もみられるので、第8章でより詳しくみることにしよう。

　かつて日本で顕著だった、30歳前後で女性の労働力率が落ち込むM字カーブは、働く女性の増加により解消されつつある。だが女性は年齢が上がるにつれ非正規労働者の割合が増加するため、正規雇用比率は20代後半がピークのL字カーブを描いている（図1-2）。

　昇進や昇給においては、正規雇用を長期間継続できる男性のほうが有利となる状況が生まれる。山口一男（2017）は、課長以上の割合は、大卒女性であっ

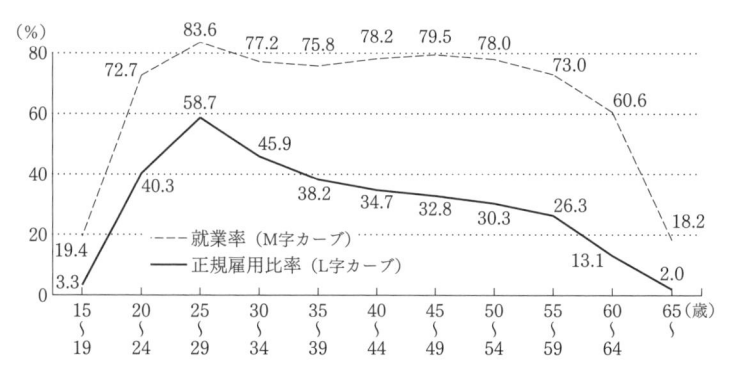

図1-2　女性の年齢階級別の就業率と正規雇用比率（2021年）（内閣府男女共同参画局 2022）

注1）就業率は、「就業者」／「15歳以上人口」×100。
注2）正規雇用比率は、「正規の職員・従業員」／「15歳以上人口」×100。

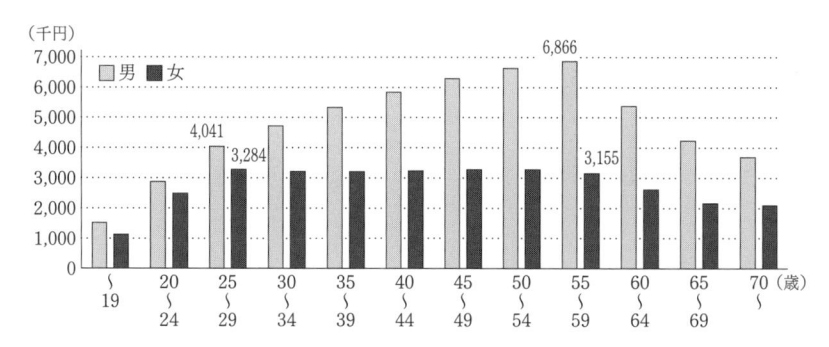

図1-3　男女別の平均給与額（1年を通じて勤務した給与所得者。国税庁（2022）より筆者作成）

ても高卒男性に遠く及ばないことを明らかにしている。

　この結果、図1-3のように男女で大きな給与格差が生じている。男性は定年前の50代後半まで右肩上がりに給与が上がるのに対し、女性の平均給与額のピークは20代後半の300万円強で、以降はずっと頭打ちの状態となっている。高校や大学まではまったく同様に学習し、テストを受け、レポートを書いていた女性と男性の間に、社会に出るとこれほど大きな差が生じているのが日本の現状だ。

　　家事をしない
　　日本の男性　　　共働き家庭の場合も、日本では家事負担の女性への偏りが大きい。図1-4の通り、男性の家事や育児への参加は年々増加しているが、2021年時点でも6歳未満の子どもを持つ共働き家庭における家事関連時間は妻が391分、夫が114分であり、3倍以上の開きがある。国際比較でみても、「家事をしない日本の男性」は際立っている（図1-5）。

　「父母ともに働いていたが、家事の多くは母親がやっていた」という人も多いだろう。家事・育児や介護が家庭内で行われる場合、通常は無報酬労働（アンペイド・ワーク　unpaid work）であることにも注意が必要だ。

　近年、日本では**ジェンダー・ギャップ指数**の低迷が指摘される場面も多い。とりわけ政治参画・経済参画のスコアが低く、世界的にみても多くの女性差別が残っているのが日本の現状である。

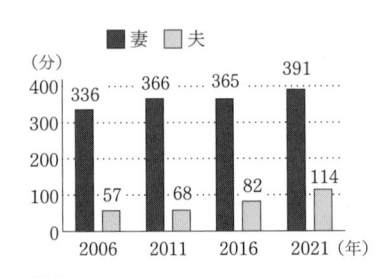

図1-4
共働きで，6歳未満の子どもを持つ妻・夫の家事関連時間の推移（週全体平均，1日あたり）（内閣府男女共同参画局 2023）
注）「家事関連時間」は，「家事」「介護・看護」，「育児」および「買い物」の合計。

　稼ぐ責任が男性に集中していることは、男性が特有のプレッシャーを有することにもなる。日本において年間自殺者数は常に男性が女性を上回っているが、とくに不況期に男性の自殺者数が急増したこともあった。「家族の大黒柱」であらねばならない自分が失業したり、会社を倒産させたりしたことを苦に、自らを追い込んでしまったケースも少なくないと考えられている。

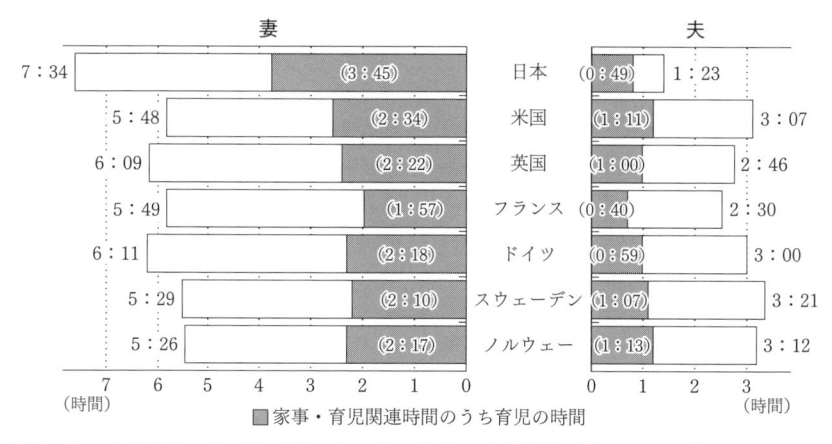

図1-5　6歳未満の子どもを持つ妻・夫の家事・育児関連時間の国際比較（週全体平均，1日あたり）
（内閣府男女共同参画局 2020）

注）日本の値は、「夫婦と子供の世帯」に限定した夫と妻の1日当たりの「家事」、「介護・看護」、「育児」および「買い物」の合計時間（週全体平均）。

ジェンダー規範は、女性も男性も幸せにしていない現実がある。

ワーク2

　ジェンダー・ギャップ指数が上位の国では、どのようにして女性と男性がともに働き、ともに家事・育児などを行う社会をつくりあげているのだろうか。2〜3の国を取り上げ、インターネットなどを使い、それぞれの国で行われている政策や制度について調べてみよう。

4 ジェンダーについて学ぶ意義

　ここまで読んできたみなさんには、ジェンダーについて学ぶ意義や必要性を十分理解してもらえたのではないか。

　1つ目。ジェンダー、とくにジェンダー規範について学ぶことで、自分自身の生きづらさを軽減することができる。少なくとも、何が自分を苦しめているのか、その正体がみえてくる。

　2つ目。日本社会に数多くの性差別、ジェンダー非対称があること、そこに
ジェンダー規範が大きく関係していることを学ぶことで、社会をよりフェアな
方向へ変えていくための方法を考えることができるようになる。あなた自身の
人生と社会全体をよりよいものにしていくための学問が、ジェンダー研究<ruby>研究<rt>スタディーズ</rt></ruby>な
のだ。

　最後に、筆者自身がジェンダーについて考える際、気をつけていることを2
つ、参考までに記しておこう。ひとつは、データを重視して議論すること。ジェ
ンダーはすべての人が関係しているだけに、つい身の回りの経験や SNS で見
聞きした狭い情報源に依拠して持論を展開しがちだ。だが社会全体について考
える際には、客観的なデータ（本章で扱ったような量的データや、歴史資料・インタ
ビューなどの質的データ）にもとづかないと議論が成立しない恐れがある。直感
的な予想と違う発見が、学ぶこと・研究することの醍醐味でもある。

　もうひとつは、自分が越えていないハードルの高さを、勝手に低く見積もら
ないこと。どうしても、自身が経験していない苦労は、小さく見積もってしま
いがちだが、当事者にしかわからない困難というのも世の中には多くある。ま
ずは自分の声と同様に、他者の声に静かに耳を傾ける時間を大切にしたい。

グループワーク

　これから本書を読み進め、ジェンダーについて議論していく際、どのよう
なルールをあらかじめ決めておけば、全員が安心して議論に参加できるだろ
うか。怖がらずに意見を言うことができる、ひとりの意見だけでなくみんな
の意見が大切にされる、無理に意見を言わなくても尊重される、など、どの
ような環境が必要かをみんなで話し合い、ルールを決めてみよう。

わたしとジェンダー

　私は性的マイノリティ当事者のひとりですが、かつてはジェンダー研究とはほぼ縁のない暮らしをしていました。転機は20代半ば、会社を辞めフリーターのような生活をしていた時期です。いくつかの本と出会い、ジェンダーについて学びはじめたことで、自分がシスジェンダー（⇒第15章キーワード）男性としてさまざまな特権を得ていたことに気づいたのです。社会人生活を振り返り、納得がいくことだらけでした。

　大学院進学は30歳手前と遅いほうでしたが、ジェンダー／セクシュアリティについて学びを深めるにつれ、自分がマジョリティとして得ている特権にも、マイノリティとして人権が剥奪されている場面にも、ともに気づきやすくなりました。知識を得たことで初めて、自分の立ち位置を客観的にみられるようになったのです。とはいえ自分の特権性に気づくことは難しく、指摘されたり自分で気づいたりして赤面することが、今でも多々あります。

　本書がみなさんに、ひとつでも多くの気づきをもたらすきっかけになればと願っています。

キーワード

ジェンダー

かつては生物学的性差（sex）と区別してジェンダーを説明しようとする定義が多かったが、J. バトラー（2018）などの議論により、人びとが身体を把握する視線そのものが社会的に構築されているという考え方が現在では主流となっている。これを受け、『岩波女性学事典』ではジェンダーを「社会的性役割や身体把握など文化によってつくられた性差」と定義している（井上ほか編 2002）。いずれにしても文化や社会の存在に強く注目している点がジェンダーという概念の特徴であるといえる。

性差別

性別による差別。女性が不利益を被るケースが圧倒的に多いため、女性差別の同義語のように使われることもある。日本国憲法や国連の女性（女子）差別撤廃条約は性差別の禁止を掲げるが、本章のデータも示す通り、日本にも世界にもまだ多く存在する。b. フックスはフェミニズムを「性差別をなくし、性差別的な搾取や抑圧をなくす運動」と定義している（フックス 2020：13）。

ジェンダー・ギャップ指数

世界経済フォーラムが発表する、男女平等に関する国際指標。政治参画、経済参画、教育、健康の 4 分野で構成される。日本は政治参画・経済参画の 2 分野での値が低く、2024 年の全体順位は 146 カ国中 118 位と、低迷を続けている。指数の妥当性に対する批判もあるが、男女平等の度合いを国際的に比較する一つの目安として広く用いられている。

ブックガイド

澁谷知美・清田隆之編『どうして男はそうなんだろうか会議──いろいろ語り合って見えてきた「これからの男」のこと』筑摩書房、2022 年

ジェンダーはもちろん、男性にとっても「自分事」である。「男らしさ」を見つめなおしながら、ジェンダー平等や性的マイノリティの人権のために何ができるか、何をすべきかを考えていく一冊。複数の論者との対話形式で進み、身近な話題が豊富で読みやすい。

フックス、b.『フェミニズムはみんなのもの──情熱の政治学』堀田碧訳、エトセトラブックス、2020 年

フックスはフェミニズムを上記「キーワード（性差別）」のように定義し、男性に反対する運動ではなく、性別を問わずすべての人が学ぶべきものと説いた。ジェンダー、人種、階級、セクシュアリティなど広い視野から、人が人を支配しない世界を構想する。読みやすい筆致でフェミニズムへの誤解を解く、珠玉の入門書。

江原由美子『ジェンダー秩序（新装版）』勁草書房、2021 年

代表的なジェンダー理論書のひとつ。女らしさ・男らしさなどのジェンダーが、結果的に男女の行為能力の差異をもたらす可能性があること、つまり「ジェンダーは、それ自体権力を内包する」ことを解き明かすとともに、「性支配」についても新たな見方を提示する。

第**2**章

フェミニストは「萌え絵」が嫌い？
—— 炎上、女性学、ジェンダー研究

守　如子

1　広告・広報の炎上

**性的な二次元
キャラクターの炎上**　　2010 年代中頃から、インターネット上で、広告・広報の「**炎上**」と呼ばれる現象が相次ぐようになった。とくに女性の描き方に対して批判が集中するケースが多い。

最初期のひとつが、2014 年の三重県志摩市の市公認キャラクター「碧志摩メグ」である（図2-1）。海女をモチーフにしたこのキャラクターは、前裾がはだけており、乳首の形をうっすら描くなど、性的な部分を過剰に強調していることが問題視された。海女・元海女の女性たちは「私たちをバカにしている」「海女文化をねじ曲げている」として、市に公認撤回を求めて署名と意見書を提出した（『毎日新聞』2015 年8 月14 日三重版）。

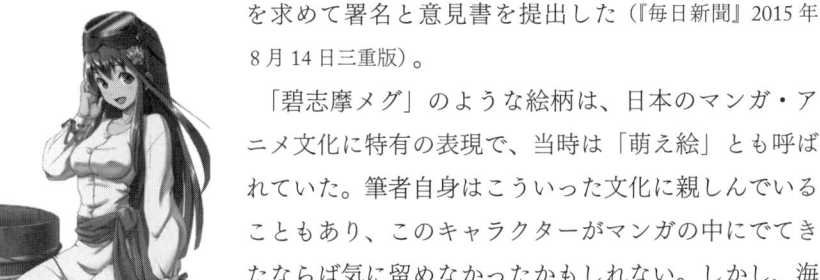

図 2 - 1　碧志摩メグ
（Change.org 2015）

「碧志摩メグ」のような絵柄は、日本のマンガ・アニメ文化に特有の表現で、当時は「萌え絵」とも呼ばれていた。筆者自身はこういった文化に親しんでいることもあり、このキャラクターがマンガの中にでてきたならば気に留めなかったかもしれない。しかし、海女姿を性的に描いた「市公認」キャラクターによって、自分たちの仕事を貶められたと捉えた海女さんたちの気持ちは理解できた。筆者は、市の公認撤回を求めて

海女さんとともに立ち上がったフェミニストグループのオンライン署名活動に賛同し、そのことを SNS に書き込んだ。ただし、この運動に対しては、マンガ・アニメ好きからの批判も激しく、筆者も批判のコメントを受け取った。

炎上する表現のパターン　これまでに炎上した広告・広報は非常に多い（瀬地山 2020）が、その中からいくつかの事例をあげてみよう。

　ひとつ目は、ユニ・チャームの紙おむつ CM「初めて子育てするママへ贈る歌。」（2017 年）である。この CM は、母親がひとりで育児に奮闘し苦悩する姿を描いた後、「その時間が、いつか宝物になる」というコピーで終わる。これに対して、「子育てしていた時を思い出してつらい」「ワンオペ育児を美化しないで」といった批判の声があがった。企業側は母親への応援歌のつもりだったのだろうが、「家事育児は女性がやるもの」という性別役割分業（第 1 章参照）を追認・後押ししたと受け止められてしまったといえる。

　2 つ目は、資生堂の化粧品インテグレートのシリーズ CM（2016 年）である。25 歳の誕生日に友人から「今日からあんたは女の子じゃない！」と言われるシーンに対して、「女性の価値は若さや美しさだけなのか」という批判の声があがった。

　3 つ目が、鹿児島県志布志市のふるさと納税 PR「少女 U」である。スクール水着の女の子で「うなぎ」を擬人化した表現に対して、「児童ポルノのようだ」という声があがった。「碧志摩メグ」同様、性的な表現が批判を集めた事例といえる。

　炎上したさまざまな事例を概観すると、女性に対して家事育児や美しくあることを押しつける表現や、女性を性的なものとして扱った表現が批判されてきたといえる。

　このような批判に対して、なぜたんなる表現が批判されるのかという疑問が示されることがある。この点について、社会学者の小宮友根は、女性たちが頻繁に容姿評価にさらされ、化粧がマナーとされ、「美人すぎる○○」が話題になり……という状況に置かれていることに注意を向けている。日々、抑圧を経験している側にとっては、表象は他と同種の抑圧であって、「「ここでもまた」という累積的な問題として経験」されている（小宮 2019：233）。炎上した表現

に対する批判の声は、たんにその表現に対する批判ではなく、日々直面する「女は〇〇すべきだ」というジェンダー規範（第1章参照）に対する批判でもあるのだ。

　ただし、広告をはじめとしたメディアが描く女性像に批判が向けられるのは、近年に始まったことではない。次節ではまず、広告が描く女性像に対し、これまでどのような議論がなされてきたのかを概観したうえで、第3節では、メディアの環境や社会意識の変化、そして現代の大学生の意見をふまえて、炎上はなぜ起きるのか考察していく。

ワーク1

　広告をはじめとしたメディアの中の女性像や男性像をめぐって、炎上した事例を探してみよう。それはなぜ炎上したのか、自分なりに分析してみよう。

2 メディア表現に関するジェンダー研究

マスメディアの女性像という問題　　インターネットが普及する以前の時代、さまざまな市民団体がマスメディアの表現に「性差別」がみられるとして抗議活動や批判的分析を展開した。もっとも早い時期から活発に活動してきたのが「行動する女たちの会」(1975-96年) である。「行動する女たちの会」はポルノグラフィックな広告に対する批判運動でも有名であるが、すでに1975年にはテレビCMの「私つくる人、ボク食べる人」というフレーズに対して問題提起を行っている（行動する会記録集編集委員会編 1999）。

　このような活動と手を携えながら、1980年代以降、「女性とメディア」研究が確立されていく。当時、メディア産業は圧倒的に男性社会であった。「女性とメディア」研究の第一人者である井上輝子は、自分の生き方や物の見方をつくるとき、女性も多少なりともマスメディアを参考にせざるをえなかったからこそ、メディアの描く女性像の性差別的な性格と、それを生み出す構造を解明することが必要とされたと述べている（井上 2009）。「女性とメディア」研究は、新聞や、テレビ番組、CM、雑誌などの表現内容を検討し、「性別分業批判・

らしさ固定批判・性的対象物批判」（加藤 2009、初出は 1992）という視点を形づくっていった。「女性とメディア」研究が打ち出した、この「性別分業批判・らしさ固定批判・性的対象物批判」という視点は、第 1 節でみた炎上広告で問題視された点にきれいに重なっている。時代を経てなお、同じ問題が繰り返されているといえるだろう。

ジェンダーと　メディア研究の成立｜「女性とメディア」研究は、1990 年代中頃に「ジェンダーとメディア」研究に発展を遂げる。その背景には、「女性」を主題とする**女性学**が、構築主義という学問に影響を受け、「男性／女性」がいかにつくりだされているのかに着目する**ジェンダー研究**にシフトしたことがある。女性学の時代は、「男性は（女性は）〇〇すべきだ／〇〇すべきではない」という規範が、家庭や学校やメディアなどを通じて、個々人に伝達・培養されるという捉え方になりがちであった。それに対して、ジェンダー研究は、ジェンダー規範が構築されるプロセスそのものにも着目する。「ジェンダーとメディア」研究も、メディアが直接的に人びとのジェンダー規範をつくりあげてしまうと考えるのではなく、オーディエンス（視聴者・読者）が各自の生きる社会的文脈の中でメディアのメッセージを多様に解釈していることに、より深く注目する（井上 2009；守 2022）。

炎上した広告・広報についても、各自が生きる社会的文脈によって多様な解釈がみられることだろう。たとえば、これまで SNS などでどんな意見に接してきたのか、性別、世代、子育て経験の有無などによっても、メディアが描く女性像や男性像に対する解釈に違いがみられることが予想できる。

3 炎上はなぜ起きるのか

メディア環境　の変化｜メディアが描く女性像や男性像に対して、なぜ炎上が起きるのだろうか。そのひとつの理由として、Twitter（現 X）などの広く意見を発信できる SNS の普及によって、誰もが声をあげることが可能になったことがある。

インターネットが発達する以前は、メディアが描く女性像や男性像に不満や

違和感を抱いても、それが大きな流れになるためには、「行動する女たちの会」のように、団体で抗議活動を行うしかなかった。現在のように炎上が頻発するのは、社会運動というかたちをとらずとも、SNS などによって誰もが声をあげられることが理由のひとつと考えられる。

社会意識の変化

炎上が起きるもうひとつの理由として、メディア表現の制作者側が、オーディエンスの意識の変化に後れをとってしまったことを指摘できる。

　例をあげると、1980〜90 年代のテレビ番組のキャラクター「保毛尾田保毛男」が 2017 年に復活放映された際に、男性同性愛者に対する蔑称である「ホモ」という言葉を使い、嘲笑の対象としたことに批判が集まった（松岡 2021）。

　かつてはテレビで放映されていたキャラクターが、現在では批判されるようになった背景には、人びとの意識の変化がある。「性的マイノリティについての意識：2019 年（第 2 回）全国調査」調査班（2020）によると、仲の良い友人がLGBT だとわかったら「抵抗がある」と回答した割合については、2015 年の約半数から 2019 年には約 3 分の 1 に減少しており、同性婚に賛成すると答えた人の割合は 2015 年の 51.2 ％から 2019 年の 64.8 ％へと増加したという。2015 年から 2019 年という短い期間においても、人びとの性的マイノリティに対する意識は大きく変化した。1980〜90 年代と 2017 年の意識の差は容易に想像できる。現在では性的マイノリティを嘲笑するようなメディア表現は受け入れられないものになったのである。

炎上する表現に対する多様な意見

炎上した表現には、多くの人に「これはダメだ」とされるものばかりではなく、意見が多様に分かれる場合もある。異なる意見が論争をさらに激しくさせている。本章の冒頭で紹介した「碧志摩メグ」も、人によって大きく意見が分かれる事例のひとつである。

　炎上について考察を深めるために、筆者が担当する講義「メディアとジェンダー」でのアンケートから大学生の意見をいくつか紹介しよう。受講生には、第 1 節で示した情報を説明したうえで、この表現に対する率直な気持ちを書いてもらった（2022 年 11 月。アンケートの文章は一部を省略している）。

Aさん

この表現で海女さんを侮辱しているという考えに至るのは、納得できません。なぜキャラクターと現実を同一視して、批判をしてしまうのか、正直まったくわかりません。

Bさん

地方自治体の広報活動の一環であるのに、男性に向けた性的コンテンツのような内容は間違っている。女性の身体的特徴を強調したデザインを使うことにも嫌悪感を抱く。

　受講生全体をみると、この表現をたんに「かわいいキャラクター」だと捉え、Aさんと同様に肯定的に受け止めた受講生もいたが、Bさんのように不快に思った、嫌悪感をもったという受講生も少なくなかった。このような表現は、一部のフェミニストだけが批判しているのではないのである。

　Aさんのコメントにある、二次元で表現されたキャラクターと三次元の現実世界は違うという指摘は興味深い。たしかに、二次元の表現は必ずしも現実世界を表現しようとするものとは限らない。たとえば、女性向けに男性同士の恋愛を描いたボーイズラブ（BL）には、ゲイのリアルライフを描こうとする作品もあれば、女性の「妄想」を描くために、ある意味、現実を無視したものもある。現実世界と関係しない、ファンタジーとして表現を楽しんでいる人は男女を問わず存在している。

Cさん

少年漫画が好きで、女性キャラクターの体が極端に描かれることには慣れていたが、オフィシャルな団体が萌えキャラを使用すると突然違和感を感じてしまう。

Dさん

（少年漫画に登場する、胸が強調された「可愛い女の子」を指して）これは作品の世界観がベースにあって、なおかつ受け手のターゲット層も絞られているから成り立つことだと思います。市の公認キャラクターは多くの人の心を掴むことが役割として大きいにもかかわらず、なぜ「万人受け」しない萌えキャラを採用したのでしょうか。

　そもそも広告や広報は誰の目にも触れる可能性があるメディアである。二次元の性的なキャラクターは、人によって意見が分かれる表現であるうえに、Cさんのように、作品という文脈から切り離すと受け入れられないと感じる人もいる。

　Dさんが述べるように、多くの人に見られることを意図するならば、「万人受け」しない表現は避けるべきだったのではないか。「碧志摩メグ」の公認キャラクター撤回運動とは、この表現そのものを批判しているのではなく、表現が置かれたコンテクスト（文脈）を問題視しているのである。

グループワーク

> 　男性像や女性像をめぐって炎上した事例をグループでひとつ取り上げ、SNSやニュース記事、身近な人びとなどから、その表現に対する多様な意見を集めてみよう。また、意見が分かれているポイントは何か、なぜ意見が分かれているのかを話し合ってみよう。

4 違和感を言語化する

　「男は仕事、女は家庭」「女性は美しくあるべき」「女性はセクシーであるべき」といったジェンダー規範に対して、不満をもつ人もいれば、それを当然のことと思う人もいることだろう。「男性は（女性は）○○すべきだ／○○すべきではない」というジェンダー規範は個々人の自由を狭め、時に抑圧的に働くこともあるのに、なぜ当然のこととして受け入られてきたのだろうか。

　江原由美子は、「性差についての日常知」がつくられ維持されてしまうメカニズムを「循環」というキーワードで論じている。たとえば、「女性は仕事の上のトラブルを処理する能力がない」という「日常知」は、そもそも女性に仕事のうえでの意思決定権を与えていないがゆえに生じている。このように、「性差についての日常知」は、それ自体が男女に異なる社会環境をつくりだし、その結果、男女の違いを生じさせ、それが「性差についての日常知」をつくりあげている。けれども、この「循環メカニズム」が意識されることはほとんどない（江原 2021）。

　「循環メカニズム」の中で生きている私たちは、ジェンダー規範を当然のことだとしなくてもよいということを知らなければ、批判の声をあげることもできない。広告をはじめとしたメディアの表現が批判を集めてきたのは、メディ

アが「循環」の中でつくられた性差に関する偏った日常知を流布し、固定化する役割を担ってきたからなのである。

　メディアが描く女性像・男性像だけでなく、日常生活の中でジェンダー規範について、疑問や不満を感じたら、まずはそれを言語化してみよう。疑問や不満の声をあげることをためらう人もいるかもしれない。しかし、とりわけマイノリティの多様な意見は、これまでの社会が見過ごしてきたことにかかわることも多く、「表現の自由」という観点からみても重要である。

　本来、「表現の自由」にとって大事なことは、多様な意見をふまえてよりよい社会をつくっていくことにある。ジェンダーは時代によって変化してきたし、これからも変えていくことができる。よりよい社会をつくるためには、違和感を言語化し、対話につなげていくことが必要なのである。

ワーク2

> 　メディアが描く男性像・女性像や、日常生活の中でのジェンダー規範について、疑問や不満など、違和感を覚えたことはなかっただろうか。それは何に対するどのような違和感だったのかを言語化してみよう。

わたしとジェンダー

　大学一年生のときに受講したフェミニズムを主題にしたゼミは、私の人生を変える、大きな体験だった。その授業は、家族、性教育、ミスコンなど、毎回ひとつのお題に対して各自が調べてきたことを持ち寄って議論するものだった。当時の私は、ジェンダー規範に漠然とした違和感をもち、フェミニズムやジェンダー論に興味津々だったが、そういう人は自分だけなんじゃないかという孤立感を抱いていた。この授業によって、社会に違和感をもっているのは自分だけでもないし、女子にも男子にもそういう人がいるんだということを知ることができた。また逆に、自分と似た感じに思えた人と、個別のテーマで意見が違うことが面白く感じられもした。

　ジェンダーは意見が分かれる主題も多く、話してみることに臆病になることもあるかもしれないけれど、この教科書のワークが読者にとって何かしらポジティブな体験になることを願っている。

キーワード

炎上

　「特定の話題をめぐってネット上に投稿が殺到し、収拾がつかない状態になってしまうこと」を「（ネット）炎上」と呼ぶ（伊藤 2022：3）。炎上が頻発する背景には、本章で述べた点に加えて、伊藤昌亮（2022）が論じるように、ミソジニー（女性嫌悪）やレイシズム（⇒第14章キーワード）にもとづき、ヘイトスピーチやフェイクニュースなどを通じて意図的・戦術的に攻撃を仕掛ける人びとの存在があることも見逃せない。

女性学

　1960年代後半以降のフェミニズム運動（第2波フェミニズム）から生まれた学問。『岩波女性学事典』では、「男性中心主義的な知を批判し、女性の経験の言語化・理論化と性差別の構造解明を目的とする」と定義されている（井上ほか編 2002）。性役割やジェンダーなどの概念を創出した。

ジェンダー研究

　女性学を源流として成立した、ジェンダーの視点から性別や性に関する事象を研究する学問。江原由美子は、ジェンダー研究の特徴として、男女という性別を構築する社会構造を研究対象としており、従来の社会構造によって構築されてきた男女観を批判的に乗り越えようとするものであると論じている（江原 2024）。

ブックガイド

新聞労連ジェンダー表現ガイドブック編集チーム『失敗しないためのジェンダー表現ガイドブック』小学館、2022年

　「女子アナ」・「男泣き」……その「女」「男」必要ですか？　現役の新聞記者たちが、これまでの新聞記事などを題材に、ジェンダーに関する表現の問題点を整理し、改善案を提示している。私たちのジェンダーに対する偏見や思い込みを問いなおすきっかけにもなってくれるだろう。

江原由美子『女性解放という思想（増補）』ちくま学芸文庫、2021年

　江原由美子の真骨頂は、私たちのもやもやした違和感を言語化してくれるところにあるのではないか。ジェンダー差別が「女性問題」と呼ばれていた時代の論考であるが、現在の私たちが直面している課題と重なりを見せる。本書に収録された「からかいの政治学」は、ネット・ミソジニーを考えるうえでも必読である。

バトラー、J.『ジェンダー・トラブル──フェミニズムとアイデンティティの攪乱（新装版）』竹村和子訳、青土社、2018年

　ジェンダーが社会的に構築されたものであるとはどのようなことなのかを論じきることで、世界的に有名になった本。難解な理論書なので、まずは、藤高和輝『〈トラブル〉としてのフェミニズム──「取り乱させない抑圧」に抗して』（青土社、2022）を参考書としてお薦めしたい。

第 **3** 章

LGBT は私のまわりにいないのか？
—— マイノリティ、クィアペダゴジー、アライ

堀川修平

1 LGBT／SOGIESC とは何か

性的マイノリティの存在

「LGBT は、私のまわりにいません」。

これは、筆者がこれまで行ってきた、大学での授業や市民講座でよく寄せられてきた感想である。重要なのは「私のまわりに」という表現だ。多くの参加者が「テレビや YouTube 上では見たことがある」と口にする一方で、身近にはいないと思い込んでいる。

さまざまなデータが明らかにしているように、「LGBT」と呼ばれる性的**マイノリティ**が、社会には一定数存在する。にもかかわらず、身近に存在していないと思い込んでしまうのはどうしてなのか。

本章では、このような認識が存在することを、個人の問題として矮小化するのではなく、不可視化されてしまう社会構造の問題として問いなおしたい。そのために、まず第1節で、性的マイノリティや性の多様性を表す用語がどのような経緯で変遷してきたかを整理し、第2節以降では、具体例として子どもや若者が家庭や学校で直面する困難を取り上げ、それに深くかかわる不可視化の構造を、資料から分析していこう。

ワーク1

性的マイノリティは「社会には一定数存在する」と記述した。性的マイノリティの人口割合に関する統計調査はさまざまに存在している。研究によってさまざまな割合が示されているので、複数のデータをインターネットや書籍などで調べてみよう。

語句の意味

性差別にかかわる運動・研究は、「性」とは何かを問うてきた。その中で、シスジェンダー（⇒第15章キーワード）・ヘテロセクシュアル（異性愛者）中心の社会制度、文化・慣習が「あたりまえ」だと考えられてきたことに着目したうえで、非「シスジェンダー・ヘテロセクシュアル」がわきに追いやられてきたことを批判し、既存の社会制度、文化・慣習がもつ問題性を指摘してきた。

このような着眼点と、「LGBT」や「性の多様性（SOGIESC）」概念は関連している。混同されやすいこれらの用語は、表3-1のようにまとめられる。

LGBT と SOGIESC 両方に共通するのが、いずれの用語も時代とともに変化をしつづけているということである。

たとえば、LGBT という語は、これまで長く性的マイノリティ運動の中で

表3-1　「LGBT」と「SOGIESC」

	LGBT	SOGIESC
意味	「性的マイノリティ」を表す語	すべての人に関係する「性の多様性」を表す語
頭文字	lesbian（女性同性愛者） gay（男性同性愛者） bisexual（両性愛者） transgender（トランスジェンダー：出生時に割り当てられた性別とは異なる性自認を持つ人⇒第15章キーワード）	sexual orientation（性的指向） gender identity（性自認・性同一性） gender expression（性別表現） sex characteristic（身体の性の特徴）
備考	上記4つのカテゴリー以外の性的マイノリティも含めて「LGBT＋」といった語も用いられる	日本では「性の多様性」とも呼ばれる。いずれも「男女」の2つに明確に分けることができない

表 3-2　さまざまな性的マイノリティの一例

クエスチョニング (questioning)	自身の性自認や性的指向が定まっていない・決めない人
インターセックス (intersex)	身体的特徴がいわゆる「男性」「女性」型に定まらない人。当事者の中には、DSDs（身体の性の多様な発達⇨第7章キーワード）と表現する人も存在する
アセクシュアル (A-sexual)	他者に肉体接触を求めない人びと
アロマンティック (A-romantic)	他者に恋愛感情を抱かない人びと

用いられてきた。その運動に参加する人びとのカテゴリーが増えるごとに、「G」→「GL」→「LGB」→「LGBT」……と、性的マイノリティ運動にかかわった人びとが中心となって名称が変更されてきた。LGBT にクエスチョニングを加えた「LGBTQ」や、インターセックスを加えた「LGBTI」といった語も用いられてきており、近年では、4種に限らないということを強く意識するために「LGBT＋」と表記されることもある。このような名称の変遷自体が当事者らによる権利獲得の動向を表している（表3-2）。

　語句の変容の背景には、抑圧されてきたことで声をあげられてこなかった当事者たちが、徐々に変化する社会状況の中で声をあげられるようになり、自己を規定するカテゴリー名や性別の構成要素自体の不十分さを指摘したことが表れている。

　あわせておさえておきたいのが、性別の構成要素は、それぞれがグラデーション状（スペクトラム状）にあることである。つまり切れ目なくつながっており、決して「男」「女」という2つに分けることが「あたりまえ」ではないということだ。そのような意味において、「性の多様性（SOGIESC）」は、性別二元論（⇨第7章キーワード）を問いなおす概念ともいえる。

カテゴリー化の意義　このような名称の変遷に関して、昨今、「LGBT というカテゴリーに分けるから差別が起こるのだ」という声を耳にすることも増えてきた。しかし、場合によって明確に「LGBT」というカテゴリーに着目する必要があることを指摘したい。

　カテゴリー名が存在することで、自分自身が何者なのか、どのような生きづ

らさを抱えているのかを明確にしていくことができる。自分自身が何者なのか
を問うこと、そして生きづらさとそのカテゴリーを構成する要素が関連してい
ると気づいていく営みが、性的マイノリティ運動の重要な一側面である。

　冒頭の感想のような「不可視化」が当然に行われている社会の中で、自分た
ちの存在を示してきたのが性的マイノリティによる社会運動のひとつの意義で
あった。そして、そのような運動が繰り返されてきたにもかかわらず、さまざ
まな性的マイノリティは十分に可視化されてこなかったことが当事者によって
指摘されてきた。そのような過程で、性の捉え方やカテゴリー名は、変化して
きたのだ。

2　性的マイノリティは何に困っているのか

「カミングアウト」の困難性

　性的マイノリティ当事者にとって、自分が何者であ
るかが明確になるのは重要であるが、それを「まわり
の人」にわかってもらうのは容易ではない。この点にかかわるのが、カミング
アウトの困難性である。

　ここでいう「カミングアウト」とは、たんなる「本人による秘密の暴露」で
も、隠していたことを面白おかしく表出することでもない。カミングアウトと
は、「私がこの社会に存在していること、生きづらい思いをしていることを、
なかったことにしないで」という意味が込められた社会変革の行為である。

　このようなカミングアウトの困難性を示すデータとして、たとえば、NHK
がLGBT法連合会とその賛同団体に協力を得て行った「LGBT当事者アンケー
ト調査」がまずあげられる。

　この調査の自由回答欄において、「親へのカミングアウトで全否定をされて
気持ちが不安定になり、人が怖くなった時期があった」「テレビなどを見て家
族がゲイやレズビアンを否定している姿を見るのがつらい。家族にはカミング
アウトできない」「「もし自分が同性のパートナーを連れてきたらどうする
か？」と親に聞いたときに「縁を切る」と言われてとてもショックを受けた。
親世代など中高年層の人たちのあいだではまだ理解が進んでいない」という声
も聞かれている（NHK 2015）。

　日常的に、保護者から LGBT でないことを前提とした言動があったり、保護者が LGBT に否定的な言動をしたりしている段階では、「親に打ち明ける」ハードルは高くなるだろうし、万が一、上記のような対応を身近な大人である保護者にされてしまったらと考えると、カミングアウトなど簡単にはできないのがわかる。

家族との関係性

　こうした困難性はどのような割合で存在しているのだろうか。性的マイノリティのカミングアウトに関する複数の調査の中で、家族へカミングアウトしにくいという結果が出ている。

　たとえば、先の NHK による調査では、「カミングアウトした相手」に関する質問がなされている。そこで「家族（親・きょうだい・配偶者）」は 51.2 ％ に留まり、「LGBT ではない友人」（82.6 ％）、「LGBT の友人」（78.8 ％）よりも少ない。

　またこのような調査の中で、子ども・若者の置かれている状況の深刻さを示しているのが、認定 NPO 法人 ReBit によって行われた『LGBTQ 子ども・若者調査 2022』である。

　この調査では、LGBTQ の若者の 91.6 ％ が、セクシュアリティについて保護者に安心して話せないことが明らかになった。「保護者との関係で生じた困難」という点に関しては、66 ％ が「保護者から LGBTQ でないことを前提とした言動があった」と、47.2 ％ が「保護者が LGBTQ に否定的な言動をした」と、46.5 ％ が「保護者へセクシュアリティがバレてしまうことを不安に感じた」と回答している（ReBit 2022a）。

　本章冒頭の「私のまわりに」いないという反応と、この調査結果は重なる点がある。性的マイノリティ当事者にとって、身近な存在であるほど（言い換えれば、簡単に縁を切ることができない相手であるほど）カミングアウトの困難性は高まるということである。

学校での困難

　このような状況は、家族内に限らない。子どもや若者にとって、生活の大半を占めることが多い学校も同様であり、自殺念慮率や不登校率の高さとも密接に関係している。先にあげた ReBit（2022a）によれば、10 代 LGBTQ の 48 ％ が自殺念慮を経験している。

また、LGBTQ 高校生の不登校経験は、全国調査（文部科学省 2021）にあらわれる「在籍生徒に占める不登校生徒の割合」と比べて、10.6 倍にのぼるという。

その背景にあると考えられる「学校での困りごと」については、どのようなものがあるのだろうか。トップにあがっているのは、「男女別整列や名前の「さん・くん」分けなど、不要に男女分けされた」（39.0 %）で、2 番目に「生徒が、LGBTQ に関してネタや笑いものにしていた」（35.4 %）が続く。性的マイノリティがいないことを前提にしたり、性的マイノリティを笑いものにしたりすることが、カミングアウトを困難にすることは容易に想像できるだろう。そして、そのような状況下では、自己のセクシュアリティを意図せずに暴露されてしまう状況（「アウティング」という）を恐れる人がいてもおかしくない（松岡 2021）。

ReBit による別の調査によると、教職員の 68.3 %が、過去 3 年で勤務校の子どもたちによる、性の多様性を尊重しない言動を見聞きしたことがあると回答したという。にもかかわらず、それらの言動へ何も対応をしなかった教職員はそのうちの 30.8 %もおり、8.6 %は「問題だと思わなかったので、何も対応しなかった」と回答している（ReBit 2022b）。

性的指向や性自認に関する嫌がらせを表す「SOGI ハラスメント」という言葉も、昨今耳にする機会が増えているが、性的マイノリティはもちろん、すべての子どもたちにとって選択肢や自分らしさを阻害しかねない言動が、学校教育現場には存在しているのだ。

3　不可視化の理由を問う

変わろうとする学校　　一方で、文部科学省や学校現場も変化をみせてはいる。

日本が国として性的マイノリティの子どもたちに対しての支援や理解を推進しはじめたのは、「児童生徒が抱える問題に対しての教育相談の徹底について」（文部科学省 2010）という通知以降である。この通知は性同一性障害の児童・生徒を受け入れる事例を示したもので、日本の学校教育において初めて性的マイノリティを前向きに捉えた通知であった。

この通知が発出された背景には、性的マイノリティの子どもたちの希死念慮

率の高さがある。「自殺総合対策大綱」（内閣府 2012）にも、そうした子どもたちの希死念慮率の高さに対する問題関心が引き継がれ、性的マイノリティに関する知識に関して、「教職員の理解を促進する」ことが自殺予防のひとつの策として掲げられ、文部科学省に対して取り組みが促されたのだ。

　その後、「学校における性同一性障害に係る対応に関する状況調査について」（文部科学省 2013）が提示された後、「性同一性障害に係る児童生徒に対するきめ細かな対応の実施等について」（文部科学省 2015）をより広く周知させるために、「性同一性障害や性的指向・性自認に係る、児童生徒に対するきめ細かな対応等の実施について（教職員向け）」（文部科学省 2016）という通知が作成・公表された。

　2016 年通知は、教育行政から示された性の多様性に関する通知の現時点での到達点である。この通知では、性的マイノリティの子どもたちの置かれている状況の整理と、子どもたちの生きづらさへの対応法がまとめられており、そのことからも、日本の学校教育において性の多様性に関する動向は前向きに変化してきている状況にあるといえる。

　これらの通知が出されることで、先の調査のように「問題だと思わなかったので、何も対応しなかった」という教職員は徐々に減っていくことも予測される。

　事実、学校現場での教職員向け研修でも性の多様性に関して力を入れる学校、地方自治体（教育委員会）も存在している。たとえば、倉敷市教育委員会は、2017 年に「性の多様性を認め合う児童生徒の育成Ⅰ」、2018 年には「性の多様性を認め合う児童生徒の育成Ⅱ」をそれぞれ発行している。これらは、「「LGBT」や「性的マイノリティ」について学ぶのではなく、「マイノリティ」を知らなくてもよいとしてきた社会（自分）を問い、自分自身を含む「性の多様性」について学ぶということ」（巻頭言より引用）を重視した教材となっている（倉敷市教育委員会 2018）。

特権の無自覚さ　一方で、先ほど紹介した 2016 年通知には課題がある。それは、学校そのものにすでに根づいているシスジェンダー・ヘテロセクシュアル中心な制度を問いなおすのではなく、「もし

も」性的マイノリティの子どもが学校に存在していたら、その都度個別対応を するという点に留まっているためだ。それは次の記述からも読み取れる。

2016 年通知

性同一性障害に係る児童生徒への対応は重要ですが、その対応に当たっては、他の児童生徒への配慮も必要です。〔中略〕性同一性障害に係る児童生徒への配慮と、他の児童生徒や保護者への配慮の均衡を取りながら支援を進めることが重要です。 　　（文部科学省 2016：9）

　もしも、生きづらいマイノリティの生き方を問うのであれば、まず、かれらを踏みつけている自分の「足」に気づき、足をどかすことを学ぶのが重要なはずである。しかし、ここでは、その足の存在に気づくことはおろか、足はどかさずに、「支援してあげよう」と手を伸ばすことを促しているのだ（堀川 2022）。こうしたことの背景にあるのはマジョリティ側の特権（第 14 章参照）についての無理解である。

　残念ながら、2016 年通知の限界性として、性的マイノリティを「特別扱い」して、既存のシスジェンダー・ヘテロセクシュアル中心の学校に「付け足す」よう促している状況にあることがあげられる。ここでいう「付け足し」の存在とは、あくまでもシスジェンダー・ヘテロセクシュアルの立場性は問わず、性的マイノリティを馴化するということを促しているということになる。あくまでも他の児童生徒が、付け足されるマイノリティに対する「特別扱い」に対して不満に思わないような程度・頻度や方法で「支援をしてあげる」という姿勢を取るのが、今日の性的マイノリティを取り巻く教育制度の限界なのだ。

4 「あたりまえ」を捉えなおすクィアの視点

クィアとは何か

　本章でみたような社会構造が、現に存在していることを、私たち自身がまず気づいておくことが重要である。そのためにまとめとして、社会構造を捉えなおし、問題を解決するための視点である「クィア（Queer）」についてみていこう。

　クィアとは、「変態」という意味を持つ非常に強い侮蔑語である。男性同性

愛者がそのような言葉を投げられて侮蔑されていたことに由来する。重要なのは、当事者自身がその言葉の持つ意味を問いなおし、侮蔑的な意味をひっくり返してきたこと、そして侮蔑語を用いていた異性愛者たちが前提としている異性愛規範を問いながら、異性愛規範から排除された性的マイノリティが連帯する旗印として使われたことである。もちろん、そこでは、「性的マイノリティ」といってもさまざまなカテゴリーが存在していること、そしてそのカテゴリーの違いによってさまざまな差異が存在していることに留意しながら用いられてきた（新ヶ江 2022）。

　クィア理論や**クィアペダゴジー**という研究・実践領域は、ジェンダー・セクシュアリティに関する規範を問うものであるが、こうした「クィア」という言葉が持つ歴史的な経緯を重視してきた点に特徴があるだろう。

　　マジョリティへの問い｜　今日、日本において「多様性」が議論の俎上にあがるとき、あくまでもマジョリティが許容できる範囲内で「多様性」が承認される傾向がある。学校においても、この社会においても、性の多様性にかかわる点は、まさにそのような様相を呈している。

　一方、性的マイノリティではないが、かれらの生きづらさにかかわる社会問題の解消をめざす人びとを指す言葉として、「**アライ**（ally）」という言葉が近年用いられるようになってきた。マジョリティが許容できるかを基準とするのではなく、むしろ自分自身の特権を自覚したうえで自分ができることを考える人びともたしかに存在する。

　さて、「LGBT は、私のまわりにいません」という冒頭の一言。この発言には続きがある。「いたとしても、ふつうの人ならいいと思います」という一言だ。

　ここでいう「ふつう」とは何だろうか。いうまでもなく、「ふつう」であると認識されるような性的マイノリティも、そうではない性的マイノリティも、すでにこの社会には存在している。私たちが何気なく線引きをすることが、この社会をつくるうえでどのような意味を持つのか。何かを「ふつう」あるいは「ふつうでない」と認識してしまう私たち自身の立場性とは何か。

　クィアの視点は、まさに、この「ふつう」とは何か、「ふつうであると決める私たちはいったい何者なのか」という、私たちひとりひとりを問いなおすも

のであり、本章で取り扱ったSOGIESC（性の多様性）の概念とは密接に関連している。この視点を念頭に置けば、「LGBTは、私のまわりにいません」という誤認は解消されるのではないだろうか。

ワーク2

　もしもあなたの身近な人が「LGBTは、私のまわりにはいませんし、いたとしても、ふつうの人ならいいと思います」と話していたら、あなたはどのように対応するか。その場ですぐに応答しなければならないこともあるだろうし、場面をあらためて対応することも考えられる。あなたの日常的なキャラクターや振る舞いとここでの行為のマッチングもあるだろう。正解は一つではないことをふまえて、「私だったらどうするか・どうしたいか」を考えてみよう。

グループワーク

【ワーク2】で考えた内容をグループで共有してみよう。

わたしとジェンダー

　教育系の学部に入学してジェンダー・セクシュアリティ理論を学ぶまで、私にとって自己のジェンダー・セクシュアリティにかかわる生きづらさは「我慢しなければならないもの」でしたし、その生きづらさがどこからくるものなのかはわかりませんでした。

　教育学の基本は「人間は発達可能態」を前提とすること。つまり、生まれてから亡くなるそのときまで、一生涯かけて質的に変化しつづける可能性にかけるということです。

　私自身が大人になってからジェンダー・セクシュアリティについて学ぶ中で自己変容し、この社会にある生きづらさに気づくだけでなく、変革するための術を問おうと思いました。まさに、大人自身が学ぶことの重要さ、「教育の可能性」を強く意識してきたのです。あなたも、「正解」を暗記する学びを離れ、手探りでもいいので社会を変えるための知識を自分たちでつくりだしませんか？

キーワード

マイノリティ

　本章でいう「マイノリティ」とは「社会的マイノリティ」を指している。社会的マイノリティとは、人数の多い少ないにかかわらず、ある属性であることによって、個人の生活の機会や権利が、力ある他者によって奪われて、劣位に置かれている状況にある人びとのことである（西原 2021）。性的マイノリティとは、ジェンダー・セクシュアリティにかかわって個人の生活の機会や権利が奪われている、劣位に置かれている人びとを指す。

クィアペダゴジー

　ジェンダー・セクシュアリティに関して「あたりまえ」であると考えられているシスジェンダー・ヘテロセクシュアル中心の社会、性別二元論を問いなおす教育実践（ペダゴジー pedagogy）。近年輸入された概念・実践ではなく、日本においても 1980 年代後半にはすでに性教育実践をしていた教師たちによって取り組まれていた（堀川 2023）。

アライ

　alliance（同盟・協力関係）にある者という意味で、日本では性的マイノリティの「支援者」という意味で用いられることが多い。しかしながら、「支援」の前に、支援対象の生きづらさに自分自身がかかわっていないのかを捉えなおし、かかわるのであれば、それをまず解消する必要がある。そのような意味で、自己の特権に自覚的でありながら、マイノリティの生きづらさを解消しようとする（それは自己の特権を問うことである）者という、マジョリティの立場性を問う意味を含んだ用法が昨今用いられるようになってきている。

ブックガイド

マーデル、A.『13 歳から知っておきたい LGBT＋』須川綾子訳、ダイヤモンド社、2017 年

　「13 歳から」という言葉に侮ることなかれ。日本の学校教育では、この本に書いてあることですら十分に学ぶ機会が得られていないのが現状である。本章で扱ったカテゴリー化について、「初めて聞いた！」というような読者には、ぜひ読んでほしい。

石田仁『はじめて学ぶ LGBT』ナツメ社、2019 年

　わかりやすいイラスト・図表と解説が、1 テーマにつき見開き 1 面に収まっている。広く性的マイノリティの置かれている社会状況に関心があり、どのような考察が可能か知りたい場合は、まずこの本に掲載されている各テーマの参考文献にあたることもおススメ。

杉浦郁子・前川直哉『「地方」と性的マイノリティ——東北 6 県のインタビューから』青弓社、2022 年

　本章では、性的マイノリティを大きく捉えたが、より鮮明に生きづらさを捉えるためには、「地方」在住か、首都圏といった「中央」在住かという地域格差にもとづく生きづらさと重ね合わせて考える必要がある。重厚なインタビューと考察でまとめられたこの本は、日本の性的マイノリティ研究の基礎文献のひとつ。

第Ⅱ部

「わたし」のまわりの
ジェンダー

第 **4** 章

女性はメイクをしなければだめ？
—— 美の強制、エロティック・キャピタル、ルッキズム

西倉実季

1 就職活動で求められる身だしなみ

|「女子は
ナチュラルメイク」

大学生の就職活動（就活）支援を目的としたサイトや指南本には、次のようなアドバイスがあふれている。目の下にくまができていたり、顔色が悪く見えたりすると、面接担当者に生活の乱れや健康状態を懸念されてしまうかもしれない。第一印象で損をしないためにも、「明るく健康的に見える」メイクを心がけよう。「派手なメイクは避けて、基本はナチュラルメイク。ノーメイクは NG」。

ファンデーションで肌のくすみをカバーし、顔のバランスを意識しながら眉を整え、アイラインとアイシャドウで知性と意欲を感じさせる目元に仕上げ、チークで頬に血色感をプラスし、リップで顔全体を健康的に見せる。あるサイトで紹介されている「基本の就活メイク」だ。つまりナチュラルメイクとは、あくまでも「ナチュラルさ」を演出するメイクを指すのであって、手のかからない楽なメイクのことではない。

就活の面接では、限られた時間で自分をアピールし、面接担当者に好印象を与えられるかどうかが成否を左右することがある。何より、仕事上必要な能力やスキルとは関係のない身だしなみでマイナス評価を受けるのは避けたいところだ。そのため、上記のアドバイスは就活生にとって有益であるようにも思える。問題は、それが「女子」にのみ向けられていることである。性別にかかわらず、就活生であれば誰でも、第一印象で損をしたくはないだろう。にもかか

わらず、メイクを求められるのはなぜ「女子」なのだろうか（加えて指摘すれば、「健康的」でなければならないというアドバイスも問題含みである）。

変わる／変わらない
身だしなみ　　　　メイクの他にも、女子学生にはヒール付パンプスや足をそろえた座り方を求め、美しさや清楚さを意識させる一方、男子学生には短髪や足を開いた座り方を求め、さわやかさや快活さを意識させるアドバイスがなされている。就活における性別二元論（⇨第 7 章キーワード）的な身だしなみやマナーの押しつけは性差別であり、性の多様性に反するとして、2020 年 9 月、市民団体が是正を求める署名活動を立ち上げた。こうした批判を受けて、性別ごとの服装や髪型の記載を見直すサイトや指南本もあり、徐々に変化が起きはじめている。しかし、メイクのアドバイスに添えられている写真やイラストは依然として女性のものであり、男性については、眉毛のカットや肌荒れを隠すことが勧められる程度である。

　なぜメイクを求められるのは女性なのか。本章では、関連研究を紹介しつつ、今日的な社会状況にも目配りしながら、メイクを含めた美容行為をめぐるジェンダー差について考えていこう。なお、美容行為という言葉は、メイクやスキンケア、服装や身だしなみなど、外見を向上させる行為全般を指すものとして用いる。

ワーク 1

　就活サイトや就活指南本、スーツ販売店のパンフレットなどが、就活にふさわしい身だしなみとしてどのようなものをあげているか調べてみよう。性別ごとに異なっている場合、それぞれどのような特徴・傾向があるか、気がついたことを具体的に書き出してみよう。

2　美容行為は誰のため？

フェミニズムにおける
論争　　　　　　　メイクをはじめとする女性の美容行為については、1970 年代以降の欧米のジェンダー研究において多く

の議論がなされてきた。女性はなぜ自分の身体を不完全だと見なし、美容行為にたくさんの時間とお金を費やすのか。この問いに対して「ラディカル・フェミニズム」と呼ばれる一派は、女性への**美の強制**であり、女性の男性への従属や性的客体化のあらわれであるとした。

　S.L. バートキーによれば、美容産業とファッション業界から構成される「ファッションと美容の複合体」(軍産複合体のもじり) は女性の身体を貶め、より多くの製品やサービスを購入するように駆り立てている (Bartky 1990)。もちろん、女性たちは美容行為をじかに強制されているのではないが、女性の身体を男性の性的快楽のための客体として扱う文化においては、女性自ら男性の視線を内面化し、自分の身体にはどこか欠陥があると感じてしまうのである。N. ウルフ (1994) によると、第 2 波フェミニズム (第 12 章参照) の成果によって「女は家庭にいるべき」という「女らしさの神話」が解体され、代わって「女は美しくあるべき」という「美の神話」が生み出された。この神話のもとでは、ファッションモデルなどの「見せる職業」とはかけ離れた仕事の女性も、「職業上の資格」として美が要求され、美容行為に誘導されることになる。

　こうした議論に対しては、1990 年代以降、女性の美容行為を過度に社会の側から説明しており、結果として女性たちを「犠牲者」と見なしていると批判する論者たちが現れた。たとえば、美容整形 (豊胸手術) を経験した女性たちにインタビュー調査を実施した K. デイヴィスは、彼女たちを美容文化が発する有害なメッセージに毒された「愚か者」とする見方に陥ってはならないと指摘する (Davis 1995)。というのは、彼女たちにとっての美容整形は、自分が自分であるという感覚にそぐわない身体に閉じ込められていると感じている状況で、身体をつくりなおすことによって自分の人生を変える方法なのであり、その意味で主体性を備えた行為だからである。

　しかし、デイヴィスのこうした主張は、女性の美容行為を個人の「選択」や「主体性」として解釈しようとするあまり、女性に身体の「修正」を強いる社会的・文化的文脈を見落としていると批判された (Bordo 1997)。1990 年代半ばから 2000 年代にかけて、美容行為は男性に対する女性の従属を表しているのか、それとも女性の選択や主体性の表現と見なしうるのかをめぐって、フェミニストのあいだで論争が繰り広げられた。

「あれかこれか」
思考の問題

　女性の美容行為を「従属か選択か」という「あれか
これか」思考で捉えることは妥当だろうか。「せめて
人並みに……」とメイクを始め、いまや使うアイテムは 20 以上、かける時間
は 1 時間半というある女性によれば、「大抵の男性からの評判はすこぶる悪
い」。でも自分がめざしているのは「浮世離れしていて迂闊に話しかけられな
い強い顔」であるため、それはむしろ「自信に繋がる」という（劇団雌
猫 2018：14）。おしゃれは他者や社会のためではなく「自分のモチベーション
に前向きに作用してこそ」という別の女性は、一方で、「社会──特に会社の
なかで男女が平等でない部分はまだまだあり、そのうちのひとつが身だしなみ
だ。職場において女がおしゃれであることを、社会も暗黙的に求めている」と
そのプレッシャーを語る（劇団雌猫 2018：57）。

　これらの事例からわかるのは、従属と選択は二者択一的なものではないと
いうことだ。従属の只中でそれを変容させるような選択がなされたり、選択の形
をとって従属が進行したりするのだとすれば、「あれかこれか」思考はジェン
ダー研究の分析力を弱めてしまう。美容行為をめぐる個別の経験に着目し、そ
の複雑さを捉えることが求められる。

グループワーク

　数名ずつのグループに分かれて、各自が【ワーク１】で調べた結果を報告
しよう。全員の報告が終わったら、就活で求められる外見にはどのような
ジェンダー差があるか整理してみよう。また、多様な背景や考え方をもつ学
生がいる中で、そうした外見を求められることにはどのような問題があるか、
議論してみよう。

3　資本としての美

外見への投資で幸せに

　近年、美容行為は男性にとっても重要なものと考え
られるようになっている。そのきっかけのひとつは、
外見のよしあしが労働市場での成功に影響を及ぼすという研究成果である。

「美貌の経済学」を掲げる D. S. ハマーメッシュ（2015）によると、外見がよい人ほど収入が高く、この傾向は男性のほうが強い。

　美がその持ち主に利益を生むことを示す研究が増えるなか注目されているのが、美を資本と見なし、それへの投資を促す議論である。たとえば C. ハキム（2012）は、美や性的魅力を資本と位置づけ、**エロティック・キャピタル**と呼んでいる。ハキムによれば、経済資本（お金）、文化資本（学歴や教養）、社会関係資本（人脈やコネ）が生まれに規定されるのとは違い、この資本はメイクをしたり身体を鍛えたりすることで形成される。背の高さなど、生まれつきの要素があることは否定できないが、たとえばファッションのよしあしで人の印象ががらりと変わることからもわかるように、美や性的魅力の多くは個人の努力や自発性によって身につけられるという。また、エロティック・キャピタルは女性だけが所有するのではないが、他の資本において男性より不利な女性がそれを活用すれば、恋愛のパートナー探しや結婚生活だけでなく、労働市場でも有利に立ち回ることができるという。

　社会学者の小林盾（2020）は対象を男性にも広げ、外見のよさを、個人が投資し、そこから成果を引き出す資本として捉えている。アンケート調査の統計分析の結果、男女にほぼ違いはなく、美容にお金と時間を投資している人ほど外見がよく、外見がよい人ほど恋愛や結婚のチャンスが増え、収入やウェルビーイング（幸福感）が高い。よって小林は、外見への投資がライフチャンスを拡大するのだから、合理的な人であれば投資で豊かな人生をめざすはずだと主張する。

外見は努力の結果か

ハマーメッシュが明らかにしたような、外見のよしあしで収入などに格差が生じる事態は**ルッキズム**（外見にもとづく差別）として問題視されてきた（Tietje & Cresap 2005）。ファッションモデルなどの例外を除いて、外見と職務内容とのあいだに明確な関係がないにもかかわらず、外見を理由に不利益を被るのは不当だというわけである。小林（2020）によると、外見のよさを資本とする見方はルッキズムを乗り越えるヒントを提供する。なぜならこの見方は、外見は生得的・固定的なものではなく、投資＝個人の努力によって向上させられるという知見をもたらすためである。

　しかし、ここには重大な見落としがある。まず、単純な事実として、お金や時間がなければ外見に投資することはできない。エステや美容整形はいうまでもなく、日々のメイクやスキンケアにもお金がかかるし、時間的余裕も必要である。にもかかわらず、さまざまな理由によって投資という「努力」ができない人びとの存在が想定されていない。

　より重要なこととして、どのような外見を「よい」とするかには一定のバイアスがあり、たとえば SNS 上で価値が置かれているのは、若くて、スリムで、健常で、ヘテロセクシュアルで、シスジェンダー（⇒第 15 章キーワード）な女性美である。

　本章の冒頭で取り上げた就活での身だしなみを思い出しながら、「よい」外見に含まれるバイアスを考えてみよう。男性の模範例は短髪でノーメイク、女性の模範例は髪型にはバリエーションがあるものの、ナチュラルメイクを施している。逆に、髪が長く、見てわかるほどのメイクをした男性や、ベリーショートでノーメイクの女性は登場しない。他にも、太っている人や障害がある人はまったく登場しない。就活で求められる「外見のよさ」にこうしたバイアスがある以上、規範的な「女／男らしさ」に沿わない外見であったり、スリムでなかったり、健常でなかったりする学生は、外見に投資をするかどうか以前に不利な状況に置かれていることになる。よって、外見のよしあしは個人の努力に帰すことができない問題である。

　以上の検討をふまえると、外見のよさを資本と見なし投資を促す見方は、外見をめぐってすでに存在している格差やバイアスを無視して、個々人による対処を推奨してしまっている。構造的な問題を見落とした議論は、ルッキズムをむしろ温存・強化しうることに注意したい（西倉 2021、2023）。

4　美容行為はジェンダーをどう変えるか

**「外見力」を
要請される男性**　2000 年代以降、ビジネスシーンにおいて「外見力」という言葉を目にするようになった。必ずしも明確に定義されているわけではないが、服装や身だしなみなどによって周囲に与えたい印象をつくり出し、仕事を有利に進める力を指している。『男の仕事は外見

力で決まる』『男が上がる！外見力』といった指南本の書名からもわかるように、この力を獲得することが期待されているのは男性である。先述の「エロティック・キャピタル」が外見的・対人的な魅力を総合したものであるのに対して、「外見力」において重視されているのは服装や身だしなみであり、前者に含まれる範囲のほうが広い。また、「エロティック・キャピタル」が私的生活を含めた人生のあらゆる場面で効果を発揮するとされているのに対して、「外見力」が促進するのはあくまでも仕事の成功であり、ビジネスシーンに特化しているという違いもある。

　「外見力」の登場にやや先立つ 1990 年代半ば、接客をともなうサービス労働において、企業のイメージを服装や身だしなみで体現して顧客にアピールする「美的労働（aesthetic labour）」が出現した（Warhurst & Nickson 2020；西倉 2019）。雇用者は労働者の外見を、顧客にアピールして組織の利益を生み出すものとして商業利用しているのである。つまり「外見力」は、組織の側が必要だと考えている力能を、労働者個人の身体の側に移動させるマジックワードであるといえよう。その際、「個人の身体」が意味しているのはもっぱら男性の身体である。

ジェンダーの非対称性はなくなっていない　ジェンダー研究は、女性の「美（身体）への疎外」と男性の「美（身体）からの疎外」という非対称性を問題にしてきたが（上野 2009）、「外見力」が男性に要請されている現状は、その変容を示しているのだろうか。実際、これまで女性の身体を一方的に「見る主体」であった男性が、その特権をはく奪され、自身の身体を「見られる客体」になっているという指摘がある（北村 2021）。

　美的労働の従事者は男性だけでなく、企業が利用価値を見いだしているのはむしろ女性の身体であるとの指摘もある（Mears 2014）。では、「外見力」をもつべきとされるのは、なぜ男性なのだろうか。

　理由のひとつは、この力が求められているのが、性別役割分業のもとでは男性の領域とされてきたビジネスであるためだろう。しかしそれだけでなく、「外見力」が自分の外見を意識的にコントロールし、それを効率的に活用していくような力能であることも関係していると思われる。男性には、こうした主体的・能動的な「力」を期待する一方で、なお多くの企業が女性社員だけに制服

着用のルールを課している実態からもわかるように、女性には企業が決めた外見への従属を求めている。とするならば、「外見力」が男性に要請されている現状は、ジェンダーの非対称性がなくなったことを意味するわけではない。

　制服の着用は、それがルールである以上、違反すれば処分の対象になりうる。就活のメイクも、強制でないとはいえ、ノーメイクではマイナスの印象を与えるというアドバイスがあふれているなかでは、メイクせざるをえない就活生も少なくないだろう。一方、男性に求められる「外見力」は、あくまでもビジネスシーンで個人がより有利に立ち回るための手段である。女性のメイクは「しないと不利益を被るもの」であるのに対して、男性の身だしなみは「すると利益を得られるもの」であり、外見に対して課せられている社会的圧力は男女で大きく異なっている。

　男性も「見られる客体」になったと言うだけでは、美容行為をめぐって依然として存在するジェンダー差とその背景にある社会構造を取り逃がしかねない。なぜある特定の美容行為が「女性のもの」または「男性のもの」と意味づけられ、私たちに要請されるのか。そうした美容行為が、社会の変化のなかでジェンダーをどのように維持したり再編したりするのか。注意深くみていく必要がある。

ワーク2

　電車内やインターネット上で日常的に目にする美容広告（脱毛サロンや美容外科クリニックなどの広告）が、どんな言葉やイメージを用いて、誰に・どのような美容行為を促しているか調べてみよう。女性向けと男性向けの広告を比較し、女性の「美への疎外」と男性の「美からの疎外」というジェンダーの非対称性に変化が生じているといえるかどうか、検証してみよう。

わたしとジェンダー

　私が女性にとっての外見の問題に関心をもったきっかけは、大学のサークルの「セレクション」である。セレクションとは、サークルに参加してほしい女子学生を男子学生が文字どおり選定することであり、その基準は外見の美しさであることは明らかだった。私は、自分の意思とは関係なく、一方的に外見で評価されるのは不条理だと思いながらも、選ばれなかった自分が何か欠けているような気持ちになった。

　大学で出会ったフェミニズムは、私の劣等感や羞恥心は特殊でも個人的なものでもなく、むしろ多くの女性と共通していて、より大きな社会関係によって生じていることを教えてくれた。だから、私にとってフェミニズムとは、語られにくい女性の経験に焦点を当て、そこから社会の仕組みや権力の働きを批判的に明るみに出していく試みである。

キーワード

美の強制

　S. ボーヴォワールが『第二の性』で描いたように、女性は幼いころから、自分の身体が男性の視線の客体であることを自覚する（ボーヴォワール 2023）。そうした身体は、男性にとって望ましい性的価値をもった美しいものでなければならない。男性の基準によってつくられた美へと女性が疎外される、ジェンダーの非対称性を表現しようとした言葉。

エロティック・キャピタル

　社会学者である C. ハキムによる造語。美や性的魅力などの外見的な魅力と、社交スキルや自己演出力など対人的な魅力を合わせたもの。エロティック・キャピタルを経済資本、文化資本、社会関係資本に並ぶ第 4 の資本と見なしてよいかどうかをめぐっては、ジェンダー研究者からの批判も多い。

ルッキズム

　日本では「人を外見で判断すること」や「外見至上主義」の意味で用いられるが、英語圏ではおもに雇用場面での外見にもとづく差別をいう。1978 年にファット・アクセプタンス（fat acceptance）運動を報じた米国の雑誌記事で初めて用いられ、学術研究ではおもに 2000 年以降に使用されるようになった。

ブックガイド

小林美香『ジェンダー目線の広告観察』現代書館、2023 年

　女性の身体に向けられるまなざしを考えるにあたり、広告は格好の素材である。この本では、私たちを取り巻く広告を観察し、無意識に刷り込まれるジェンダー規範や身体をめぐる価値観を分析している。【ワーク 2】に取り組むときにも参考になるはず。

駒尺喜美編『女を装う──美のくさり』勁草書房、1985 年

　かつての纏足やコルセット、現代の化粧やハイヒールといった問題を通して、女性にとって美とは義務であり強制であることを論じている。すでに古典の域にあるが、今日の #KuToo 運動（日本の職場で女性にハイヒールやパンプスの着用を強いる服装規定をなくすことをめざす運動）や就活での性差別批判にもつながる問題提起の書である。

ロード、D. L.『キレイならいいのか──ビューティ・バイアス』栗原泉訳、亜紀書房、2012 年

　フェミニズム法学者が、些細なことと軽視されやすい外見の問題を、法や制度の面から対応すべき重大な問題として検討している。個人が外見を向上させることで問題に対応することが求められがちな社会だからこそ、別のアプローチがあることに注目したい。

第 **5** 章

これは男子の遊び？　それとも侵害行為？
—— 男性学、男らしさ、ホモソーシャルな絆

＊本章には性暴力に関する記述があります　　　　　　　　片田孫朝日

1 遊びとしての身体攻撃

闘い遊び　　筆者は、小学校低学年の子どもが放課後に通う学童保育で、男子間の会話や行動を観察し、男子文化の研究を行ったことがある（片田 2014）。この学童保育の男子間では、笑いをともないながら「遊び」として行われる攻撃行動が観られた。そのひとつが、闘い遊び（play-fighting）である。

図 5 - 1 は、お帰りの会（終礼）の最後に、先生が班ごとに並んでいる子どもの名前を呼び、連絡帳を渡している最中のものである。列の後方にいた 3 年生の A（図の左）が、2 年生の B（右）に「ブシュ」などの効果音をつけて体をチョップする遊びを始める。B は笑ってその手を受け止め、別の話題を切り出す。その後図の場面で、名前を呼ばれた B が先生のほうを向くと、A はその脇腹に軽くキックを入れている。つまり、この闘い遊びは、先生や他の子どもの見えるところで、注意を受けることなく公然と行われている。この後、A が B に軽く跳びげりをすると、B は笑って逃げながら「やーめろよー」と言い、この遊びを何とか切り上げようとしてい

図 5 - 1　A と B の闘い遊び（片田 2014）

るように見える（片田 2014：157）。

　この場面では、3年生で体の大きいAが闘い遊びを始め、Bをほぼ一方的に攻撃している。Bが笑って応じていれば、いじめにあたらないのだろうか。Bは、どうすればAの遊びを止められるだろうか。

笑いの中の侵害の文化　筆者が現在勤めている中高一貫の男子校でも、休み時間に生徒が別の生徒の冗談に対して軽いパンチで返す、笑いながらお尻を軽くける、あるいは並んで歩く友だちの首に腕をまきつけ押さえて連行するといった姿が観られる。最近、休み時間に中学1年生の生徒間で、遊びのパンチが「地味に痛くて」、パンチした相手のお腹を本気で殴り返し、筆者が介入する出来事もあった。

　本章は、男性の経験を探究する**男性学**の試みとして、学校の男子の仲間関係における、笑いをともなう侵害の文化について論じる。とくに性にかかわるふざけやからかいを通じて笑いと親密性をつくりだす文化の問題について考えたい。

グループワーク

　図5‐1の場面で、(1)AによるBへのキックが保育者の注意を受けなかったのはなぜだろうか。考えられる理由をできるだけあげてみよう。(2)AがBに行っている遊びが、「いじめ」になるのはどういう場合だろうか。自分の考えと理由を書いてみよう。(1)・(2)について、他の人と話し合い、気づいたことをまとめてみよう。

2　性的なふざけといじめ

友だちからの性的な侵害　男子のふざけ行為には、他人の身体、とくにその性器やお尻などプライベート・ゾーンへの侵害を用いたものが珍しくない。たとえば、他人の肛門近くを指で突き指す「カンチョー(浣腸)遊び」が学童保育の男子に観られたし、現在まで男子の「悪ふざけ」とし

て行われていると思われる（村瀬 2014；太田 2020）。

　少し古いデータになるが、高校生 2,346 名にこれまでに経験した性的な被害について尋ねた包括的な調査（2003 年）では、男子の受ける性被害の多くが、友人間で生じていたことがわかっている。表 5 - 1 は、この調査の被害項目と被害率の一部を示したものである。女子ほどではないが、男子も言語的、視覚的、また身体的に性的な被害行為を受けていたことがわかる。

　そして男子の場合、①の体についてからかわれる、②の裸や性器を見せられる、③の無理やり体を触られる、のいずれの被害も、加害者の過半数は友だちであり、被害にあった最多の場所は学校であった。これは、女子の②・③の被害の過半数が、知らない人から学外で行われていた状況とは異なっている。また①についても、男子の場合には 90 ％以上が友だちからであり、その割合は女子の場合（65.2 ％）よりもはるかに高い。男子の被害は中学・高校の時期が多く、被害の回数は①・②・③とも 2 回以上が多い（野坂 2004）。この調査で加害者の性別は尋ねられていないが、男子の場合、加害者の多くは同性の友だちだと推測される。

　大学生への意識調査からは、男性間の性的な侵害的行為は性被害という認識が働きにくく、ふざけやスキンシップと捉えられる傾向が確認されている。とくに「性的な言葉をいわれる」や「無理やりお尻、胸、背中など身体をさわられる」などについて、そうである。「男の人は冗談で脱いだり脱がされたりしている」「男同士の場合、性交以外は友達間で十分ありえることだと思う」などの学生の記述から、侵害行為が問題にされにくい理由を読み取れる（岩崎 2009a）。

　先ほどの高校生調査では、「もっとも傷ついた性的被害の経験」も尋ねている。男子の場合には①の言語的な被害が②・③の被害よりも 5 倍以上多く選ば

表 5 - 1　性暴力被害の内容と被害率（男女別、「ある」の割合（％）。野坂（2004）より作成）

	男子	女子
①あなたの体について、からかわれたり、いやらしいことを言われたことがありますか	20.7	33.0
②相手の裸や性器を、わざと見せられたことがありますか	12.7	35.1
③無理やり、体を触られたり、抱きつかれたことがありますか	13.6	37.2

れている（回答者全体の8.9％）。これは、女子の場合に③の身体的被害がもっと
も多く選ばれているのとは異なっている（同16.7％）。おそらく男子の場合には、
友人間の視覚的・身体的な侵害行為はふざけやスキンシップと理解されて、当
人も不快をほとんど感じていないか、感じていても強くではない場合が多いと
考えられる。筆者が勤務する高校で行った小規模なアンケート調査でも、②・
③について「特に不快には感じていない」「少し面倒な程度」といった生徒の
回答が多かった。ただし、そうであったとしても問題がないわけではない。

性的侵害を笑う文化　第一に、男子間で身体への侵害行為が友人間で行わ
れているため、軽微なものと見なされがちであるとい
う問題がある。その場合、男子は体に抱きつかれることなどに不快を感じたと
しても、友人に真剣に抗議しにくいと思われる。勤務校でのアンケートでは、
「嫌な素振りをしても伝わらず、真剣に嫌だとも伝えられず、行為が今も続い
ている」といった回答がみられた。

　また、筆者の十数年の教員生活のなかでは、一見ふざけにも見える生徒の行
為が、相手の生徒に大きな恐怖と苦痛を与えており、性的ないじめとなってい
たケースもあった。しかし、このケースでも、加害行為は笑いをともない、他
の生徒の面前で公然と始められていたが、止める生徒はいなかった。こうした
周囲の生徒の反応には、暴力をふるわれなければ、男子は性被害に抵抗できる
はずという「レイプ神話（male rape myth）」も影響していると思われる（岩
崎 2009b；宮崎・西岡 2023）。ふざけた行為のように見え、加害者や被害者が笑
う場面があったとしても、その被害を軽微なものと決めつけるのは危険である。
中高生の性的ないじめ被害についての調査はいまだに少ない。性的マイノリ
ティへのいじめ被害の問題を含めて、調査と対策が必要である（葛西・吉
田 2017；日高 2020）。

　第二に、性に関する侵害行為を、笑いのネタにする文化の問題がある。先の
①・②・③は、電車内や路上で知らない男性から行われた場合には、性暴力・
痴漢（⇨第10章キーワード）と呼ばれる侵害行為である。一部の男子は、友人間
でこのような行為をふざけに利用しているといえる。筆者は高校生に性暴力・
痴漢についての授業を毎年行っているが、痴漢と聞くとエロを連想するためか、

ニヤニヤ笑いをする男子生徒がいる。授業中に笑いが起こることもある。体の境界線と性的自己決定を犯す性被害を軽視する文化が男子間にあると感じる。女性・男性の性被害の不快感や恐怖、トラウマなどについて丁寧に教育を行う必要があろう。

弁護士の太田啓子は、自らが小学生男子によるカンチョーの性被害にあったときの不快な経験も振り返りながら、性にかかわる侵害行為をふざけとして行う男子文化について、男子・男性が自他の痛みに鈍感に振る舞う「有害な**男らしさ**」の要因になっているのではないかと問題提起をしている（太田 2020）。

3 男らしい文化とホモソーシャルな絆

攻撃性の容認

先に述べたように、体についてのからかいやいやらしい発言は、男子にも苦痛をもたらすことがある。なぜ一部の友人間では、このような侵害の恐れが大きい行為が平然となされるのだろうか。そこには、社会で認められている「男らしさ」が深くかかわっていよう。

冗談のなかでも、相手の容姿・外見をからかうような冗談や、性的な内容を含んだ冗談は、相手の不快感や怒りを引き起こす可能性が高く、「過激な冗談」といえる（葉山・櫻井 2008）。かりに職場で行われて被害を訴えられれば、同性間であってもセクシュアル・ハラスメントと認定される行為である。近年の職場におけるハラスメントの調査（2023 年）では、もっとも多いセクハラの被害は、男性・女性労働者いずれの場合も「性的な冗談やからかい」である。加害者には上司や役員が多いが、同僚の場合もある（PwC コンサルティング合同会社 2024）。

心理学の研究（上野 1993）では、男子学生のほうが、女子学生よりも「過激な冗談が好きだ」「友人を軽く皮肉ったりして楽しむことがある」などの攻撃的なユーモア志向をもつ者が多いという結果がある。また、この志向の強い男女は、人を助け親切であろうと考える養護要求が弱いという相関関係も確認されている。つまり、性的なからかいは、攻撃性と関連しており、「男らしさ」にもかかわっているのである。

男子は、幼児期からアニメなどで闘う男性ヒーローを観て育ち、周囲から泣

かずに強くたくましく、と求められる傾向がある。そのなかで、一部の男子は、友人間で闘い遊びやスポーツ・ゲームでの攻撃的なはやし言葉（たとえば「ぶっとばす」「殺してやる」）になじんでいく。他方で、女子が攻撃的な言葉遣いをすれば、親や先生から注意されたり、男子にからかわれたりしやすい（片田 2014）。本章の冒頭の闘い遊びの事例からもわかるように、男子は女子と異なり攻撃性を社会から容認される傾向があるのだ（高橋・湯川 2008）。さらに、男子が女子ほど他人への配慮や育児などのケア役割、つまり養護への関心を育てられないことで、仲間間で攻撃的なユーモアと侵害的ふざけを育てていきやすいと考えられる。

性的欲望と異性愛主義のルール　次に、私たちの社会では、男子は成長にともない性に対する関心と欲望をもつのが当然で、健全なことだと考えられていることに注目しよう。このため男子の中には、性についての冗談をこれみよがしに言う者がいる。筆者の教員経験でも、授業中に「示威行動」と言うと、笑って「自慰？」などと大声で発言し笑いをとろうとする中学1年生がいたり、クラブ活動中に「AV 女優が」と笑いながら大声で話す高校生がいたりする。下ネタや冗談を聞きたくない男子・男性の存在はまったく考えられていない。

　最近、作家の白岩玄は、「男子はみんなでバカなことをするとか、エロを受け入れるという強制参加の大縄跳びのようなもの」があり、それに参加せざるをえないのが本当に嫌だったと語っている（白岩・田中 2023）。一部の男子がバカとエロを演じ、これに他の者が笑ってつきあうことで仲間意識がつくられていると考えられるが、みなが楽しんで参加しているわけではないのである（西井 2023）。

　ところで、男子間で性に関するふざけを行う場合、自分たちの性的な欲望がお互いに向く可能性は、多くの場合には想定されていない。たとえば、裸や性器をわざと友人に見せて笑うような行為が、相手に対する性的欲望や好奇心にもとづいていると認識されるのであれば、拒否感が強くなるだろう。男子間の侵害的なふざけ行為が、「性的な被害」として認識されにくいのは、男子間に性的欲望がないと考えられていることが大きいのである。

　「男」を「性的欲望の主体」に、その「対象」に「女」を結びつける理解と行動のパターンを、江原由美子は異性愛主義と呼んでいる（江原 2021）。男子間の性的な侵害・ふざけの文化は、この異性愛主義を前提にしている。したがって、この文化を生きる男子は、お互いにふざけて裸を見せたりしながら、同時に、男性の同性愛を抑圧するか、排除する必要がある。お互いへの性的な視線はありえないし、あってはならないのである。また、男性同性愛者の存在は、自分たちが思いがけず性的欲望の客体になり、襲われるかもしれないという、無知からくる不安と恐怖ももたらすこともある（前川 2011）。

ワーク1

　〈同意をとらずにふざけて他人の服を脱がしたり、ズボンをずらしたりすることは性的な侵害行為にあたり、性別によらず友人間を含めて許されない〉という人権（安心・自由）尊重のルールについて、自分の意見を書いてみよう。

ホモソーシャルな絆　近年、男性間の親密な仲間関係と、同性愛嫌悪や女性蔑視がどのように関係しているのかに注目して、男性間の**ホモソーシャルな絆**という言葉が学界内外で用いられている（セジウィック 2001；上野 2010；前川 2011；桃山商事 2021）。

　たとえば、前川直哉は歴史資料や自らの体験などをもとに、男同士がうち解けて「気のおけない仲」になるうえで異性愛前提の下ネタや、プライベートなエロ話が重要な役割を果たしており、性の経験や知識がない者は一人前扱いされないと論じている。多くの同性愛者は異性愛者のふりをして、エロ話に調子をあわせなくてはならない（前川 2011）。

　三上純は、中学・高校の男子運動部において、ふだん厳しい男性指導者が、更衣室の仲のよい生徒たちに「お前らゲイか、つき合ってんのか」のような性にかかわるジョークをまじえることで、男子生徒との絆を強める効果や男らしさの伝達を意図していることを、インタビュー調査から論じている（三上 2020）。また、中学・高校での生徒間の会話に注目し、男子運動部を経験し、

部内で女性との性行為をネタとした話題で盛り上がったり、性的なことに関連するあだ名をつけたりするノリを経験した者は、「どんな女性もベッドに連れ込める男性は、かっこいい」や「女性は可愛くなるために多くの時間を費やすべきだ」といった、男性を性的主体、女性を客体と捉える意識をもちやすいことをアンケート調査から確認している（三上 2022）。

　男同士が、いじりなど互いの親密性を高める笑いの手段として同性愛をからかい抑圧したり、女性との性行為をネタにして盛り上がり、女性を獲得される物として認識したりする文化は、重ねて性差別的である。他方で、女性が「性的欲望の主体」として性に関する冗談を大声で話したり、笑いながら男の「お持ち帰り」について競いあったりすることは「女らしい」と賞賛されることはない。異性愛主義は、男女間の非対称な関係のルールなのである。

4 人権尊重の文化と人びとの絆に向けて

社会の変化

　本章では、男子間の笑いをともなう侵害的な文化に注目し、とくに友人間で性に関する過激な冗談を言ったり、痴漢的行為をしたりすることで、笑いと親密性をつくりだす文化に光をあてた。そして、これを攻撃的なユーモアやふざけ行為と、異性愛主義のルールで説明しようと試みた。この文化は、必然的に同性愛嫌悪を含んでおり、性的いじめなど加害行為との線引きが難しく、また性被害の軽視につながるという問題を抱えているように思われる。

　日本では 1990 年代以降に、企業によるセクハラの防止と対応が義務化され（1999 年）、その後、被害の対象が男性にも広げられた（2007 年）。また、学校におけるいじめ防止対策推進法（2013 年）は、いじめを「心理的又は物理的な影響を与える行為」で、被害者が「心身の苦痛を感じているもの」と定め、侵害行為を広く問題にしている。このように近年、生徒や労働者の人権（安心と自由）の点から、学校や職場での侵害行為には真剣な対応が求められるようになっている。

教育の遅れ

しかし、保育施設や学校での人権にもとづく性・ジェンダーについての学習は、保育者・教師向けの研修も、児童・生徒への教育も、カリキュラム化されていない。侵害を避けるための心身の境界線は目に見えず、その理解と行動の習得は容易ではない（野坂 2018）。とくに、笑いをともなう侵害的な文化の問題点はみえにくく、教育にも工夫が必要である。幼児期から絵本などを用いて、お互いの安心と自由、身体のプライベート・ゾーンの尊重、同意の重要性、暴力を受けたときの対応などの人権に関する基礎教育と、ジェンダーおよび性に関する包括的な教育が、女子だけでなく男子にも必要不可欠だと考えられる（森田 2007；村瀬 2014；浅井 2020；ベル 2021；片岡 2023 など）。

筆者の経験として、闘い遊びや性的ふざけの危険性を授業で伝えると、「相手が嫌がっているのではないかと考える必要があるとわかった」と反省し、行動を変える生徒がいる。痴漢・性暴力についての授業を行えば、ほとんどの生徒が痴漢は笑いごとではないことを理解し、被害時の行動について学び、被害者を見たときに自分にできることを考えてくれる。男子への教育の意義と可能性は非常に大きいと考えられる。

ワーク2

男性の笑いをともなう侵害的な行為は、漫画やテレビ番組、動画や SNS などでも見られる。それは、あなたにどんな影響を与えてきただろうか。今あらためて、自分が気になる場面を取り上げ、その行為が大きな問題にならない理由と文化を分析してみよう。

わたしとジェンダー

　母親がおもに稼ぎ、家事・育児のほとんども担う家庭に生まれた。移民2世でもある母親を尊敬し、その苦労と奮闘をみて大きくなった。思春期以降には、自分の痩せた体型について悩んだり、友人関係やいじめに苦しんだりした。大学生のときにフェミニズムや男性学に出会い、自分の課題を理解したり、悩みを語ったりする言葉と力をもらった。

　当時、大学では男性教授による性暴力やセクハラの事件が起こっており、女性の先輩が抗議運動を行っていた。被害の深刻さを学び、学生相談窓口での相談活動にかかわりはじめた。子ども時代の性暴力被害を公にした田中美津の本や、女子・男子の性被害と再生を描く女性漫画家たちの作品から影響を受けた。その後、ジェンダー教育に取り組むNPOに参加し、女性たちから女子・男子の人権を理解する新しい言葉と考えを学んだ。

　現在は男子校の公民科の教員として働いており、男女が平等で、男性もより豊かに生きていける社会のためにジェンダー・性教育に力を入れて教えている。

キーワード

男性学

　女性学の後に生まれた男性についての学問。男性の経験を重視し、その心理や行動、社会関係などを研究する。女性学と異なり、マジョリティ（社会的に優位な集団）研究の側面ももつ。男性間の多様性と権力関係に注意する必要がある。

男らしさ

　「男らしさに欠ける」のように、男性に期待される性質や特徴を指す言葉として使われている。「有害な男らしさ（toxic masculinity）」のように分析の語として用いる場合には、感情の抑圧、力の証明としての暴力の利用のように、どんな特徴を指すのかを明確にする必要がある。

ホモソーシャルな絆

　E.K.セジウィックの著作『男同士の絆』で有名になった用語。友情だけでなく、ライバルへの敵対心や、ホモセクシュアルへの嫌悪などを含み、男性間の関係を形づくる欲望・感情の接着剤（bond）を意味する。それは、社会の産物であり、歴史の中で変化していく。女性蔑視と同性愛嫌悪とのかかわりで男同士の欲望の構造に注目した点に、セジウィックの議論の特徴がある。

ブックガイド

西井開『「非モテ」からはじめる男性学』集英社新書、2021 年

　「非モテ」を自認する男性たちの語り合いを研究し、その苦しみの源泉として男性集団内のからかいやいじりなどの問題を分析している。また、女性の「女神化」など「非モテ」男性の意識と課題を言語化している。男性同士が、時に笑いながら苦い経験を語り合うことの可能性が伝わってくる。

村瀬幸浩『男子の性教育——柔らかな関係づくりのために』大修館書店、2014 年

　笑いのネタとしてしか性について語らない男子・男性は、まともな性教育を受けていない可能性が高い。男子も自分の体のことを知り、性欲や射精について学ぼう。性被害にも目を向けよう。同じ著者の『3 万人の大学生が学んだ恋愛で一番大切な "性" のはなし』（KADOKAWA、2020 年）も薦めたい。

セジウィック、E.K.『男同士の絆——イギリス文学とホモソーシャルな欲望』上原早苗・亀澤美由紀訳、名古屋大学出版会、2001 年

　現代西欧における男性同士の親密な関係は、同性愛嫌悪をともなっている。英米文学の読解を通じて、この現象がいつ始まり、男性中心社会の形成にどのような機能を果たしているのかを論じる。問題意識を記した序章だけでも面白く読める。

第 **6** 章

学校にもジェンダー差別はあるのか？
—— 隠れたカリキュラム、ポジティブ・アクション、ジェンダー教育

宮田りりぃ

1 学校とジェンダー差別

大学入試における
ジェンダー差別

　2018 年に発覚した医学部不正入試事件を知っているだろうか。

　2018 年 8 月、東京医科大学の入試において女子の得点を一律に減点したり、逆に男子に加点したりしていた疑いが浮上した（『毎日新聞』2018 年 8 月 7 日東京朝刊）。その 3 ヶ月後、東京医科大学の第三者委員会による報告を受けて、同大入試委員会が得点操作をしなかった場合の合否の再判定を実施したところ、本来は合格ラインに達していたのに不合格だったのは 2018 年で 69 人（男子 18 人／女子 51 人）、その前年で 32 人（男子 16 人／女子 16 人）の計 101 人であった（『毎日新聞』2018 年 11 月 8 日東京朝刊）。この事件を受け、文部科学省による全国 81 大学を対象にした医学部入試の緊急調査が行われ、女子や浪人生が不利になる合格判定基準を設けるなどした国・私立の 10 大学の試験運用が不適切（またはその可能性が高い）と指摘された。加えて、他に 10 大学以上で、疑惑を招きかねない事案が確認された（『朝日新聞』2018 年 12 月 15 日東京朝刊）。

　このあまりに明白なジェンダー差別は、当時の日本社会に驚きをもって受け止められた。だが、学校現場のジェンダー差別はこうした直接的なものばかりではない。

**専攻分野別の
ジェンダー・バランス** 　図6-1は、文部科学省が2021年に実施した学校基本調査の結果をもとに、筆者が一部抜粋して作成した「大学生に占める専攻分野別の女子学生割合」を示したものである。これを参照すると、文・教育・哲学関係における女子学生割合が6割以上となっている一方、物理・地・化学関係では4割未満となっている。すなわち、男子のほうが女子よりも理系に進学しやすい傾向を読み取ることができる。

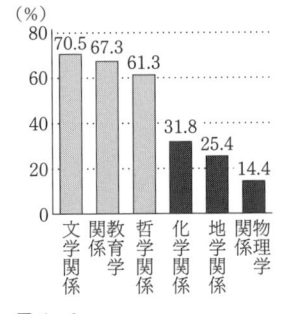

図6-1
大学生に占める専攻分野別の女子学生割合
（文部科学省（2021）より筆者作成）

　また、このような傾向は、女性教員に占める理系割合の低さにも現れている。たとえば、文部科学省が2022年に実施した学校教員統計調査によると（文部科学省 2024）、中学校の女性教員のうち、数学と理科を担任する割合は、いずれも男性教員のそれの半分以下となっている（本章では割愛するが、近年では、文系科目である社会科を担任する女性教員の少なさも課題として注目されている）。

　それでは、いったいなぜこうした偏りが生じるのだろうか。本章では、その背景要因として、教育現場におけるジェンダーにもとづく差別的メッセージに着目する。そして、そのメッセージがどういうものかを明らかにするとともに、問題解消に向けた手だてについても考えていく。

ワーク1

　本章で取り上げた大学の不正入試問題は、受験生をはじめとする世の中の人びとにどう受け止められていたのだろうか。過去の報道記事を手がかりにして、当時の状況について考えてみよう。

2 女子に向けられたメッセージ

**男子のほうが理系能力
に優れているのか** 　2018年に実施されたOECD生徒の学習到達度調査（PISA）によると、日本の高校1年生の数学的リテラ

シーにおいて、男子（532点）と女子（522点）とで大きな差はみられない（国立教育政策研究所 2019）。ところが、同調査を用いて女子の「理系能力の活用度」という独自の指標（理系専攻の大学入学者の女子比率を、数学ができる高校生の女子比率で割った数値）を算出した舞田敏彦によると、イギリスやフランス、イタリア等では8割を超える一方、日本では4割に留まっている（舞田 2021）。これは、日本において理系を専攻する女子割合の少なさが、男子の理系能力の高さではなく、女子の理系能力を活用できていない結果として生じていることを示している。

　他方、こうした実態をふまえることなく、世間ではいまだ男子のほうが理系能力に優れていると語られることがある。さらに、その際よく引き合いに出されるのが、男女で脳の構造が異なるという生物学的要因である。だが、たとえば大隅（2013）は、英国の認知能力テスト（CAT）の試験結果をもとに、女性より男性のほうが個人差が大きいことを指摘している。このような個人差を無視して、男子のほうが理系能力に優れていると性差ばかりが強調される状況下では、たとえ理系能力が高くても「数学や物理関係の学部に進みたい」とか、「将来理系分野の職業に就きたい」といった女子学生の志向性を低下させる恐れがある。

　このように、世間に広まるジェンダーの神話にだまされないためには、より客観的で正確なデータにもとづいて現実問題を捉えようとする姿勢が求められる。

隠れたカリキュラム

　　　　　　　　ジェンダー差別には、性別にもとづいて優劣や合否を判断するような直接的な形態だけでなく、間接的で見えにくい形態も存在する。

　たとえば、すでに確認した日本の理系分野における女子割合の少なさは、「女子向きではない」というメッセージとして教師や生徒たちに伝えられる。そして、それによって教師が女子生徒の理系への進学に難色を示したり、女子生徒自身の進学意欲が低下したりすれば、結果としてジェンダー差別が生じてしまう。このように、インフォーマルなメッセージの伝達によって間接的に差別が引き起こされる状況は、「ジェンダーと教育」研究において「**隠れたカリキュ**

ラム」という概念のもとで理論化されるとともに、教育現場においてジェンダー平等の実現に向けて改善すべき対象として重視されてきた。

　他にも、男女別・男子優先名簿は「女」を「男」と区別されるべき「第二の性」として位置づける点が問題視された。また、女子にのみ体操服でブルマーを、制服でスカートを着用させるなど、学校という公的な組織が必ずしも合理的とはいえない男女別ルールを個人に強要する点が問題視された（木村 2005）。

　しかしながら、理系における女子割合の少なさをはじめ、いまだほとんど改善が進んでいない問題も数多く残されている。よく言われるのが、女子のロールモデルになる人がいないという点である。そのため、次項では、この点から隠れたカリキュラムに沿ったメッセージが教育においてどのような問題を引き起こすのかについて考えてみたい。

| 女子のロールモデル | 2023 年、作詞家やコラムニストなどとして活躍す

るジェーン・スーは、俳優や美容家をはじめさまざまな分野で活躍する 13 人の女性たちを対象にインタビューを実施し、それぞれが切り開いてきた人生について紹介するエッセイを発表した。その「はじめに」で、彼女は自身の学校経験を振り返りながら、この本が執筆された背景を以下のように述べている。

エッセイの「はじめに」

小学校の図書館にあった女の話は、たしか『ナイチンゲール』と『マザー・テレサ』と『キュリー夫人』だった。樋口一葉や津田梅子のことは知らなかった。実際の業績に関わらず、世間が持つナイチンゲールのイメージは白衣の天使であり、マザー・テレサは修道女。どちらも、愛をもって他者に献身する姿が讃えられる。キュリー夫人は天才物理学者・化学者だが、誰かの妻である「夫人」が苗字のあとに必ずくっついてくる。

（ジェーン・スー 2023：3）

　このように学校社会では、リーダーシップを発揮したり理系分野で中心的に活躍したりする女性の話に出会うことが難しい。この事実は、女子学生たちにとって、自身を重ね合わせることができるロールモデルの乏しさを意味している。加えて、それはたんに図書館の蔵書に限った話ではなく、学校社会の至る

所で見いだすことができる。たとえば、文部科学省が 2018 年に実施した学校基本調査によると、校長に占める女性比率は小学校で 19.6 ％、さらに中学校では 6.7 ％にまで減少する（文部科学省 2018）。そして、このような状況は、女子たちにネガティブな影響を与えることがわかっている。

　たとえば、文部科学省の委託を受けた調査報告書では、理数系の教科担当が女性だと女子の理系タイプが増えることが指摘されている（リベルタス・コンサルティング 2018）。すなわち、理数系を担当する女性教員が少ないままだと、女子の理系タイプを増やすことは難しいと考えられる。女子のロールモデルの不足は、生徒が好む教科や進路に影響を与える喫緊の問題であるといえよう。

　それでは、このような状況を改善するためには、いったいどのような手だてを講じればよいのだろうか。次節では、そのための有効な手だてとして、**ポジティブ・アクション**と**ジェンダー教育**について紹介したい。

ワーク 2

　これまでの学校生活を振り返って、どんなところにジェンダー・バランスの偏りが生じていたのかを思い出してみよう。また、その偏りはなぜ生じていたのかについても考えてみよう。

3　問題解消に向けた取り組み

ポジティブ・アクション｜　1997 年に改正された男女雇用機会均等法（⇒第 8 章キーワード）では、女性の管理職がとても少ないというジェンダー格差の解消に向けて、一定割合の女性登用を義務づけるポジティブ・アクション規定が導入された（浜村ほか 2020：229-230）。こうした取り組みは、近年教育現場においても注目を集めるようになっている。たとえば、東京大学は、2027 年度までに教授・准教授の女性増加率を過去 10 年の 2 倍にすることをめざすと発表している（東大新聞オンライン 2022）。また、東京工業大学は、2024 年 4 月入学の学士課程入試から総合型選抜および学校推薦型選抜において、女性を対象とした計 143 人の「女子枠」を導入すると発表している（東工

大ニュース 2022)。

　このような教育現場におけるポジティブ・アクションは、ジェンダー・バランスの改善だけでなく、女子学生のロールモデルが乏しいという問題を改善するうえでも重要であるといえよう。ただし、これらの取り組みを実施したとしても、東京大学の女性教員割合および東京工業大学の女子学生割合は、半数にほど遠い見込みとなっている。ポジティブ・アクションは、一気に問題を解決できるような奇跡の一手ではなく、あくまでジェンダー平等に向けた過渡的な手だてのひとつに過ぎないということに留意する必要がある。

ジェンダー教育　女性の管理職や理系の女子学生割合が増えない問題を解消するには、ジェンダー平等に向けた教育も欠かせない。

　たとえば、国立女性教育会館（2019）の調査によると、「管理職になりたい」と思う教員の割合は、男性が 29.0％、女性が 7.0％だった。さらに、その理由としてとくに女性のほうが男性より割合が高かった項目は、「責任が重くなると、自分の家庭の育児や介護等との両立が難しい」「自分にはその力量がない」「労働時間が増えると、自分の家庭の育児や介護等との両立が難しい」であった。また、森永康子ら（2017）の研究では、数学の試験で良い点をとった女子に対して、教師が「女の子なのにすごいね」と褒めると、「すごいね」だけの時よりも女子中高生の数学意欲が低くなる傾向があることを明らかにしている。

　これらの結果が示すのは、たんに女性の管理職や理系の女子学生割合を一定数増やしただけでは、ジェンダー不平等な状況を根本的に改善できないということである。

　ジェンダー教育は、このような結果の背景に潜む問題について考えるうえで役立つ。たとえば、国会議員や外科医と聞いてどのような人物を思い浮かべるのかを共有し合ったり、性別によって異なる制服の着用を求められる理由について議論したりする授業があるとしよう。そうすれば、その授業が特定の職業におけるジェンダー・バランスの偏りや性別役割規範を問い直すきっかけになるかもしれないし、女性のほうが男性よりも他者をサポートする役割を負わされやすかったり、「リーダーや理系に向いていない」と見なされやすかったり

するという問題に気づくきっかけになるかもしれない。

　このように、ジェンダー教育は、ジェンダーにまつわる現状を問いなおしたり、ジェンダーに敏感な視点を養ったりする可能性へと開かれているのである。

グループワーク

　学校教育における隠れたカリキュラムにはどのようなものがあるだろうか。また、それを解消するためにはどのような手だてが有効だろうか。本章で取り上げたもの以外も含め、グループで議論してみよう。

4　やっかいなジェンダー問題

明示的なレベルと
黙示的なレベル

　ある男女共学の中学校やそこでの男性教師による授業の様子を調査した氏原陽子（1996）は、隠れたカリキュラムを明示的なレベルで作用するものと黙示的なレベルで作用するものとに分けて整理している。

　前者の例では、名簿や服装、管理職の問題に加えて、教科書の中の女性ばかりに家事や育児を負担させるようなメッセージなどをあげている。後者の例では、潜在的に授業妨害的な男子の注意を引くために聞き手として女子を無視する教師や、教室を支配させないよう女子の発言を冷やかす男子生徒による影響をあげている。

　さらに、氏原はこれらの問題を乗り越えるための男女平等主義的な実践として、それぞれのレベルで解決方策も提案している。前者のレベルでは、①出席簿の並べ方を男女混合にする、②女子の制服を活動に適したものにする、③多様な教科で女性教師を採用して地位を上げたり多様な校務を担当させたりする、④生徒がジェンダー問題についてより理解するよう学校の垣根を越えて教科書出版社へ働きかけることをあげている。後者のレベルでは、①教師が男子を授業に引き付けるために女子を聞き手として無視したり女性を笑いの対象にしたりしないこと、②男子が発言を確保するのに使う戦略について知ること、③女性を取り巻く現状（特に職業差別、性別役割分業）について批判的になることをあ

げている。

このように、学校とは隠れたカリキュラムというかたちで明示的にも黙示的にも男女を区別したり、それをもとに異なる水路づけをしたがる社会である。それゆえ、学校社会におけるジェンダーの問題がどうなっているかを解明するためには、ジェンダー差別を引き起こすメッセージがたんに間接的というだけでなく、さらにみえにくい黙示的なレベルでも作用している可能性にまで注意を向ける必要がある。

取り組みへのバッシング 最後に、ジェンダー問題の厄介な側面として、問題解消に向けた取り組みへのバッシングについて述べておきたい。

本章で紹介したポジティブ・アクションは過渡的な取り組みであるにもかかわらず、その提案に対して必ずといってよいほど出てくるのが、「それでは優秀な男性が不利益を被るから逆差別だ」といった反対意見である。また、ジェンダー教育に対しては、「能力や努力もなしに権利ばかり主張するのは考えが甘い」といった意見もよくみられる。

しかしながら、医学部不正入試問題に限らず、すでに女性であるというだけで不利益を被ってきた差別の歴史があり、さらにジェンダー平等という理念を掲げるだけでは一向に改善しない状況をふまえれば、それらを無視してただちに男性側の不利益を主張することは妥当だろうか。また、女性がケア役割を負わされることで、男性並みに仕事に専念して能力を示せなかったり、周囲から「女には向いていない」と言われることで、努力しても無駄だと思わされる状況が存在するのであれば、そのような「能力や努力」は、そもそもジェンダー不平等のうえに成り立っているのではないだろうか。加えて、問題解消に向けた取り組みを「逆差別だ」とか「考えが甘い」などと批判するだけでは、その取り組みを後退させたり無効化することで、むしろジェンダーにもとづく差別の維持・再生産に加担してしまう恐れすらあるだろう。

ジェンダー平等とは、いったい誰が優れているかといった優劣の問題でも、女か男どちらが得かといった損得の問題でもなく、誰もがジェンダーによって差別されないという人権の問題である。さらに、人権とは誰かがより多く／少

なくもっているものではなく、誰もが平等に生まれもっている権利である。現実社会に遍在するジェンダー問題について考えるためには、これらを最低限の前提として共有する必要がある。

　学校社会では、さまざまな形態や場面でジェンダー差別的なメッセージが伝えられ、それらは生徒・学生の人生に大きな影響を及ぼし、将来の選択肢を狭めることにもつながりかねない。それを防ぐためには、ジェンダーに敏感な視点から学校社会における問題を顕在化させ、ジェンダー平等に向けた問題解消のための取り組みを進めていくことが求められる。

わたしとジェンダー

　出生時に男に割り当てられたことを当然視して成長した私が女装するようになったのは、田舎の実家を離れて都市部で一人暮らしを始めた20歳のころだった。その後、将来は法的にも女性へと移行して生活しようかなと考えたが、そのために必要とされた性別適合手術までは受けたいと思わなかった。

　転機となったのは20代半ばごろ、たまたま情報を得て参加した市民イベントで男性学と出会い、大きな衝撃を受けた。男性学における「男らしさの抑圧に苦しむ男性もいる」というフレーズは、私の長年に渡る悩みを見事に言い当てているように思えた。私が第一に望んでいたのは、たんに男性から女性へと移行することではなく、周囲から女性との恋愛やメンズスーツの着用といった固定的な男のあり方を体現するよう期待されたり強いられたりすることからの解放だったのではないかと気づいたのである。

　それから、私は本格的に男性学を学びたいと考え20代後半で大学に入学する道を選び、その後大学院を経て現在に至っている。

キ ー ワ ー ド

隠れたカリキュラム

　目的に沿った教育内容を指すカリキュラムとは、常に明示的なかたちで実施されたり伝達されたりするとは限らない。学習指導要領のように「明示され意図的・計画的に実施されるフォーマルなカリキュラム」もあれば、「暗黙のうちに伝達される知識や規範」である隠れたカリキュラムも存在する（多賀 2012：58）。

ポジティブ・アクション

　アファーマティブ・アクションともいわれる。たとえば、教授職に占める女性割合が圧倒的に低い場合などに、一定割合の女性を教授職として採用することで、ジェンダー・バランスの偏りを積極的に是正しようとする取り組み。日本では、近年企業だけでなく教育の分野においても注目を集めるようになっている。

ジェンダー教育

　ジェンダー平等教育ともいわれる。性別にもとづく差別や偏見、ジェンダー・バランスの偏りなどを当然視せず、ジェンダー平等の実現に向けてそれらを改善しようとする、ジェンダーに敏感な視点に立った教育のこと。

ブックガイド

河野銀子・藤田由美子編『教育社会とジェンダー（新版）』学文社、2018 年

　おもに教員を目指す学生のために編集された、ジェンダーと教育に関する入門書。メディアやスポーツ、保育、教材、部活動、進路、教員など、バラエティに富んだトピックに関する内容が収められた、教育という営みの常識を問いなおす一冊。

寺町晋哉『〈教師の人生〉と向き合うジェンダー教育実践』晃洋書房、2021 年

　「教師も一人の人間であり、その人の人生がある」という点に着目したうえで、教師たちへのインタビューを中心に、学校現場におけるジェンダー教育実践やその難しさについて丁寧に論じた書。とくに、これから教師をめざすという学生にはぜひお薦めしたい。

グッドマン、D. J.『真のダイバーシティをめざして──特権に無自覚なマジョリティのための社会的公正教育』出口真紀子監訳、田辺希久子訳、上智大学出版、2017 年

　「私はいい人で差別なんかしていない」と思っているマジョリティの人たちに、自分の問題として差別に向き合ってもらうことをめざした書。特権集団への社会的公正教育に役立つ理論や実践方法が数多く紹介されている。

第**7**章

スポーツは男性のほうが向いている？
―― ジェンダー秩序、性別二元論、身体の性の多様な発達

井谷聡子

1　スポーツパフォーマンスと男女

男女の平均差と個人差

「女性より男性のほうがスポーツに向いているか」と問われたら、あなたはどう答えるだろうか。陸上や水泳のように競技力を数値化できるスポーツをみれば、世界記録の大半は男性によるものだ（後述のように、女性が記録を持つスポーツもある）。平均値をみても、男性のほうが高い。これだけをみれば、上の問いの答えは「はい」が正解であるようにみえる。

しかし、男と女という大きなグループをそれぞれ一括りにして、「男性は〜」「女性は〜」と語ることには大きな落とし穴がある。このように、ある種のカテゴリーでみる固定観念を「ステレオタイプ」という（北村 2020）。

たとえば、女性にも男性にもスポーツが得意な人もいれば苦手な人もいる。陸上競技の砲丸投げの全国大会で優勝する男子選手であっても、マラソンの女子大会で優勝することはできない。同じ種目を専門とする選手でも、競技力を男女できれいに二分することはできない。たとえば、男子 100 m 走の世界記録は 9.58 秒、日本記録は 9.95 秒、女子の世界記録は 10.49 秒、日本記録は 11.21 秒である。これにもとづいて男子のほうが女子より速いということはできる。同時に、世の中の圧倒的多数の男性は女子の世界記録に手が届かない。一方、長距離水泳では、複数の女性が男女を通じての世界記録を打ち立てている。最近では、米国のサラ・トーマスがドーバー海峡を中断なしに 2 往復（132 km）

するという世界記録を打ち立てた（Denison 2023）。平均値の差と個人の記録差を同一視しないことが大切である。

「公平」な試合？｜ ほとんどのスポーツは、試合の公平性を理由に男女別に競争するが、もう一度上記の4つの100m走の記録を見比べると、女子の世界記録と女子の日本記録の差（0.72秒）は、女子の世界記録と男子の日本記録の差（0.54秒）よりも大きい。競技力が近いもの同士が試合をすることが公平だと考えるのであれば、世界トップの女子選手は、日本トップの女子選手と競争するより日本トップの男子選手と競争するほうが公平と考えることもできる。

体重や障害のあり方、年齢などで選手のカテゴリー分けをする場合もある。ゴルフでは、技量差にもとづいた「ハンディキャップ」の制度がある。これらのルールは、その競技においてより有利になる身体特徴にもとづいてグループ分けをしたり、スコアの出し方に差を設けたりすることで、体格や技量の異なるプレーヤー同士でも有意義に競争ができることを重視するからである。

このように、性別は有意義な競争をするための基準のひとつであるが、その目的に則して性別カテゴリーがもっとも重要だとは限らない場面もあることがわかる。にもかかわらず、一律に男性のほうが女性よりスポーツに向いている、競技力に優れていると考えられがちなのはなぜだろうか。男女のステレオタイプがスポーツにどのように反映され、またスポーツがそれをどのように再生産するのか。本章では、性差に関する科学を考察しながらこれらの問いを考えてみたい。

ワーク1

好きなスポーツをひとつ選び、競技レベルや年齢、ジェンダー、人種・民族・国籍、障害の有無など多様な背景や身体の状態をもつ人がプレーする様子や記録をみてみよう。そのうえで、スポーツについて語るときにみられるステレオタイプ（ジェンダーに限らない）にはどのようなものがあるか、具体例をいくつかあげて考えてみよう。生活の中での近しい人とのやりとりでも、メディア報道やSNSの中のものでもよい。

2 スポーツがつくるジェンダー差

**近代スポーツと
ジェンダー秩序**　　男女を明確に差異化したうえに成り立つ支配関係を、江原由美子（2021、初版は 2001）は**「ジェンダー秩序」**と呼び、その主要構成要素を「異性愛」と「性別分業」とした。男は強くたくましく、女は弱く美しく男に選ばれ保護される存在であるという考え方は、男は外で仕事をし、女は家事育児を通じて男を支えるという性別（役割）分業を正当化してきた。また、まったく異なる存在として男女の 2 つの性に分類する規範を**性別二元論**というが、この考え方は、だからこそ男女がカップルとなって互いに補い合うべきとする異性愛主義ともつながっている。

　飯田貴子（2018）は、このジェンダー秩序の考え方を応用し、スポーツにもそのはじめからジェンダー差別が組み込まれていることを指摘する。近代スポーツは、19 世紀のイギリスで発祥し、大英帝国の覇権確立を担う人材＝エリート白人男性を教育する手段として発展してきた。スポーツを通じて男性たちは「男らしさ」を育み、証明しようとする一方で、女性たちは排除された。近代オリンピックの創始者である P. クーベルタンは、女子のオリンピック参加に断固として反対し、女性の役割は優れた男子選手を産み育てることだと考えていた（ボイコフ 2018）。実際に 1896 年の第 1 回大会では女性の出場は許されず、オリンピックの男女出場選手数が同等になったのは 2024 年のパリ大会である。

　参加できるスポーツにも男女差が設けられた。激しい身体接触をともなうスポーツは、女性の生殖機能や美しさを損なうとして、長く女性の参入が阻まれる一方で、女性の健康や美を促進するとされたスポーツは早くから女性に開放されてきた。男女に開かれたスポーツであっても、ルールに男女差が設けられているものもある。たとえば、女子のピストル射撃には射距離 50 m の競技がなく、オリンピックのスキージャンプでは女子のラージヒルがない。テニスの 4 大大会では男女のセット数が異なる。

　スポーツにおける男女の役割にも格差がある。女子マネージャーのように、選手を支える役割を女性が多く担う一方で、監督や競技役員といったリーダー

シップをとるポジションは圧倒的に男性が占める（日本スポーツとジェンダー学会編 2016）。日本の中央競技団体（各スポーツの統轄団体）における女性理事の割合は平均 24 %（2022 年時点）で、77 団体のうち 3 団体では女性役員が一人もいなかった（笹川スポーツ財団 2022）。性差別を五輪憲章で禁じる国際オリンピック委員会（IOC）でも、2023 年時点で委員に占める女性割合は 41 %、理事会では 33 %であり、女性が会長になったことはない（IOC 2024）。

　このように、スポーツ文化は 19 世紀のジェンダー秩序の中で生まれ、時代とともに変化しつつも、ジェンダー秩序を維持・再生産する役割を担いつづけている。

　　| 「生物学的性差」が
　　| 正当化する差別

　こうしたスポーツにおけるジェンダー秩序は、しばしば「生物学的性差」によって正当化される。「男子のほうがスピードとパワーがあって競技レベルが高いのだから、男女の待遇差は仕方ない」「レベルの高い選手のほうがスポーツの理解度も高いのだから、スポーツ記者やスポーツ組織の役員に男性が圧倒的に多いのは仕方ない」といった考え方だ。しかし、こうした考え方は、①社会的につくられた男女の選択肢や能力の差、②生得的な性差と、③この①・②両方が複雑に絡み合って現れる男女の競技力の平均差を混同し、ステレオタイプ化したうえで、スポーツ界のさまざまな権力が男性に偏る状態（性差別）を肯定してしまう。

　科学者もこうしたジェンダー・バイアスから自由ではない。科学史を専門とする小川眞里子は、科学を歴史的に研究することで重要な事柄は、「科学研究そのものだけでなく、科学者について、さらに彼らを育んだ社会、彼らの理論を受容した社会について学ぶことである」（小川 2008：224）と述べる。また、そうした研究を通じて「客観的で価値中立とされる科学にも、思いがけないジェンダー・バイアスがかかっていることに気づくことが少なくない」と指摘する（小川 2008：224-225）。

　スポーツにかかわる科学も同様である。より多くの女性がスポーツに取り組みはじめた 19 世紀後半、体育教育の専門家や医師が当時の生物学と医学的知見にもとづいて、女性が激しい運動を行うことに反対した。生理や妊娠、出産といった身体機能は、女性に特有の「病理」あるいは「障害」と見なされ、女

性の身体は男性よりも弱く傷つきやすいと考えられたからである。さらに、激しい運動や競争的なスポーツは女性の生殖能力を損ない、女性を「男性化させる」とされた（Vertinsky 1994）。このような考え方は現在の科学では否定されている。

数値として現れた男女差をどう解釈するか　現在のスポーツ科学においても、量的データの分析の結果、男女差が数値として現れた場合、その差が社会的要因から生み出される可能性があるにもかかわらず、決定論的、つまり生物学的特性、とくに遺伝子によって人間の知能や行動が決定されるという考え方に従ったかたちでしか捉えない研究が存在する（高峰 2018）。この問題について高峰修は次のような事例をあげる。

社会的要因を考える事例

例えば指導者に対する女子競技者の心理的依存度が男子のそれより高いという結果が示されたとしましょう。この結果を、本来女子は他者への依存度が高く、それが競技者にも現れたと決定論的に考えるか、あるいは「これまでのスポーツ指導において女子は他者に依存するように育てられてきたのでは」という構築論的な視点を持てるかによって、解釈の幅は異なってきます。

（高峰 2018：203）

　この問題は、パフォーマンスの分析にもあてはめることができる。成人男女のボール投げの平均距離が男子のほうが長いことをもって、男子のほうがスポーツに有利な身体的特徴を有していると主張することができる。しかし、幼少期にボール遊びをした経験や、より効率的なボールの投げ方を教わった経験があるかどうかでボールを投げられる距離は大きく変わる。こうした社会的文化的背景を分析に加えないままでは、男女はこんなに違う、という表面的な知識を量産していくことになる（高峰 2018）。

3 科学がつくる男女の境界

身体的性差についての科学　前節では、ジェンダー規範が科学を後ろ盾にして、スポーツにおける「性差」を構築してきたことを指摘

した。本節では、実際には男／女に明確に分けられないさまざまな「差」が、スポーツにおいてどのように「身体的性差」として男女別カテゴリーをつくりあげるのかをみていく。

　IOC やワールドアスレティックス（世界陸連）をはじめとする複数の国際競技連盟は、1930 年代から女性だけを対象に「性別確認検査」を行ってきた。女子に扮してメダルをとる男子選手を排除することが表向きの理由とされたが、実際には「十分に女性でない」あるいは「強すぎる」と見なされた女性たちがその身体特徴を理由に排除されてきた。具体的には「**身体の性の多様な発達**（DSDs、性分化疾患、インターセックスとも呼ばれる）」をもつ女子選手たちだ。

　「女子選手として認められる」ための判定基準は、時代とともに変化してきた。初期には外性器や胸の膨らみなどの外見に頼った検査だったが、60 年代には性染色体の核型にもとづくもの（XX＝女性、XY＝男性という考え方）に変わり、現在は、テストステロンの値が中心的な基準となっている。近年では、南アフリカの中距離選手、C. セメンヤのケースが有名になった。他の女子選手と同様に、出生時に女児と判定され、法的にも社会的にも女性として生きてきたにもかかわらず、テストステロンの値が女性の平均よりも高いことを理由に世界大会への出場を禁じられた。他の女子選手に対して「不公平」と見なされたためだ。

　テストステロンは「男性ホルモン」と呼ばれるホルモンの一種で、平均値は女性より男性のほうが多く、骨格や筋肉を発達させる機能が知られている。ただし、テストステロンは女性の身体機能にも重要で、骨格や筋肉の発達以外にも多くの機能があることが近年の研究で明らかになりつつある。その値が女性の平均を下回る男性や男性の平均値と同程度の女性もおり、血中テストステロンの値が、身体的性差にともなう競技力の優劣を決定づけるという「科学的根拠」に疑問を投げかける科学者は多い。

性別確認検査と人権　　こうした規定は科学的根拠に乏しいだけでなく、失格とされた選手が被る社会的、心理的、経済的ダメージは大きく、深刻な人権侵害である。性別確認検査によって失格となったために、「性別を偽っていた」と社会から糾弾され孤立したり、スポーツで得てい

た奨学金や収入を失ったりして自殺にまで追い込まれる場合もある。その被害者の多くは 10～20 代の若い選手たちである。

　元ウガンダ代表の A. ネゲサは、勇気をもってこの問題を国際社会に告発したが、身の安全のために亡命せざるをえなかった（井谷 2021；ネゲサほか 2021）。2024 年のオリンピック・パリ大会では、女子ボクシングの選手 2 名が、前年の世界選手権における性別確認検査で失格となっていたことが報じられた。これらの選手を「トランスジェンダーだ」と誤って報じたり、男と決めつけ誹謗中傷する書き込みが SNS 上にあふれるなど、深刻な人権侵害が繰り返された。

　また、ホルモン抑制剤の使用や手術によってテストステロン値を下げれば出場が認められるため、本来不要な薬の服用や手術を強いることにつながりかねない。世界医師会は、この規定が医療倫理に反しているとして、世界中の医師にこの規定に従わないようにと呼びかけた（WMA 2019）。また国連人権委員会は、2020 年の報告書の中でこうした規定は人権侵害であり、とくに発展途上国の選手が偏って検査対象とされていることを批判している（OHCHR 2020）。

　極端に背の高い選手が走り高跳びで活躍することは認められるのに、テストステロンの量だけは取り締まるのはなぜかと疑問に思う人もいるかもしれない。これはスポーツにおける性差の考え方と科学の結びつきについて考えるうえで重要な問いであり、現在でもスポーツ界が抱える人権問題のひとつである。建石真公子（2018）は、スポーツ競技会においては、「公正らしくみえること」つまり「同じ条件の下で不正のない競技が実施されている」という外観が必要だとしたうえで、「性別確認検査のような、個人の尊厳を犠牲とするような方法ならば、「過度の公正」であると判断する勇気も必要」であると述べる。

ワーク 2

　巻末資料「男女 800ｍメダリストの記録比較」は、2016 年のオリンピック・リオデジャネイロ大会と、2021 年のオリンピック東京大会における男女の 800ｍ走のメダリストの記録を並べたものである。2016 年の大会では、テストステロン値の高い女性の出場を禁じた「高アンドロゲン症規定」の運用が一時的に停止されていた。2021 年の大会ではその運用が再開され、

2016 年大会の金銀銅メダリストの 3 人（セメンヤ、ニオンサバ、ワンブイ）が失格とされ、出場していない。性別確認検査の歴史を振り返ったうえでこれらの記録を比較し、テストステロン値の高さによって女性の出場資格を制限するルールのあり方について考えてみよう。競技環境を比較するために、男子の記録も参考にしてみよう。

4　人権が守られるスポーツの未来へ

スポーツ権

ユネスコは 1978 年、「体育・スポーツの実践は、すべての人間にとって基本的人権である」と定め、今日スポーツ権は、基本的人権のひとつに位置づけられている。日本においても、「スポーツは、これを通じて幸福で豊かな生活を営むことが人々の権利」であるとスポーツ基本法（第 2 条）に明記されている。しかし現在でも、性別だけでなく、性的指向やジェンダーアイデンティティ、人種・民族、国籍、障害などにもとづいた差別によってスポーツへのアクセスはさまざまに制限されている。

　近年、トランスジェンダーの人たちのスポーツ参加が注目されている。その中で「トランス女性が女子スポーツに参加することは不公平である」という点がしばしば強調される。この論争の中で、アイデンティティの根幹を成すジェンダーアイデンティティが軽率に扱われ、尊厳が傷つけられている。子どもから大人までトランスジェンダーの人びとをスポーツから締め出す動きも広がりつつあり、スポーツ権が脅かされている。

　これまで繰り返しみてきたように、スポーツの有利不利を単純に男女の枠組みだけで語ることはできない。まして、性にかかわる身体的特徴が規範的、典型的でないことを理由に、女性であること、男性であることを否定されるようなことがあってはならず、そうした女性をスポーツから排除する動きが強まっていることは憂慮すべき事態である。

科学の進歩と
未来のスポーツ

現在は性差についての科学の見直しが進んでいる。これまで生得的な性差に由来すると信じられていた古代の性役割（男は狩猟、女は採集）についても新たな発見が続き、女性も古代から大型動物の狩猟に携わっていたことが明らかになっている（Aizenman 2023）。しかし残念ながら、スポーツに限らず社会のさまざまな制度の中に 19 世紀の科学が生み出した男女の身体観とそれにもとづいた性役割が残されている。

　小川（2008）が指摘するように、科学研究も科学者も、彼らを生み出した社会におけるジェンダー・バイアスから自由ではない。このことを念頭に置き、男女の身体能力についての思い込みを克服し、人権が守られ、多様性が尊重されるスポーツづくりが必要である。

グループワーク

　近年、世界のあちこちで男女ミックス、あるいは性別を問わないスポーツ実践の場をつくる試みが進められている。グループごとにそういった事例を探し、その理念や参加者の経験について調査してみよう。ジェンダーとセクシュアリティ、人権、未来のスポーツという視点から、それぞれの取り組みの意義についてクラスで議論してみよう。

わたしとジェンダー

　私は出生時に「女児」と判定されましたが、性自認は女性ではなく、男女のどちらにもあてはまらない「ジェンダークィア」です。幼いころから運動が好きで、物を作るのも大好きでしたが、人生のあらゆる場面で「男の領域」と考えられること、たとえば重い物を運ぶとか、野球チームに入るとか、機械の修理をするといったことからは「君は女の子だから」と排除され、悔しい思いをしてきました。

　それは性自認を理解されないからというだけでなく、女性だから奪われる機会やスキルがあることを肌で感じる体験だったからです。体をダイナミックに使って行う仕事や怪我のリスクのある仕事から排除されることは、そういう身体能力や特定のスキルを身につける機会をなくすことでもあるのです。

キーワード

ジェンダー秩序

　「男らしさ」や「女らしさ」というジェンダー規範によって、行為者の意思にかかわらず、できることとできないことが定められる傾向があり、結果として男女の行為能力に差異をもたらすような社会構造のこと。この構造により男女の権力格差（支配関係）が生み出される。

性別二元論

　性別を男女のどちらかに分類する社会規範であり、男女は相反する存在であるという考えにもとづく。ほとんどのスポーツでは男女別に競技が行われるが、これは男性は女性より身体能力に優れるため一緒に競技することは不公平であり危険であるという考え方が背景にある。

身体の性の多様な発達

　遺伝子や性染色体、生殖器、性ホルモンのあり方が大多数の人と異なる状態を指す。DSDs（Differences of Sex Development）、性分化疾患、インターセックスとも表現される。当事者が体の状態をどう理解し表現するかはさまざまな立場がある。「性分化疾患」やより具体的な疾患名で表現する人もいれば、疾患ではなく多様な性のあり方のひとつとして「インターセックス」と表現する人もいる。それぞれの当事者の表現を尊重することが大切である。

ブックガイド

井谷聡子責任編集『エトセトラ Vol. 6（特集　スポーツとジェンダー）』エトセトラブックス、2021 年

　女性の声、フェミニストの声を届ける出版社の etc.books が刊行している雑誌『エトセトラ』。第 6 巻「スポーツとジェンダー」特集は、さまざまな視点からスポーツとジェンダーについて考えたエッセイを多数掲載。イラストも多く読みやすい、初学者におすすめの一冊。

飯田貴子・熊安貴美江・來田享子編『よくわかるスポーツとジェンダー』ミネルヴァ書房、2018 年

　日本のスポーツとジェンダー研究の代表的な学者が集まって作った一冊。歴史学、社会学、心理学、体育教育学など学際的な視点から、スポーツ、身体、ジェンダー、LGBTQ、スポーツイベント、メディア、倫理などの研究がわかりやすく網羅的に解説されている。

スティール、C.『ステレオタイプの科学──「社会の刷り込み」は成果にどう影響し、わたしたちは何ができるのか』藤原朝子訳、英治出版、2020 年

　性別とステレオタイプを考えるうえで必読の本。ステレオタイプは他者に対する認知を歪め、人の能力に悪影響を与えることを緻密な研究によって示し、男女の能力の差がどのようにつくり出されるのか、その構造の一端を明らかにする。

第III部

社会の課題と
ジェンダー

第 **8** 章

少子化は「女性の社会進出」が原因？
── ロマンティックラブ・イデオロギー、男女雇用機会均等法、 リプロダクティブ・ライツ

守　如子

1 少子化が進む社会

明治・大正から 昭和への変化

社会が近代化するにつれて、子どもの数は減少してきた。たとえば、私の亡くなった祖父母は大正（1910年代）生まれだが、ひとりっ子の祖父を除くと、みな 8 人以上のきょうだいがいた。また、もうひとりの祖父の妹は子どもがいない夫婦の養子になった。他方、1970〜80 年代生まれの私と私のいとこはみな 1 〜 3 人のきょうだい構成である。

　祖父母の世代は、家の仕事を支える働き手として子どもが必要とされていたため、きょうだい数は多様だが、平均すると多かった。他方、私の世代には、一人ひとりに手をかけて育てるためにきょうだい数は少なくなった。現在、少子化はさらに進んでいるが、そこにはどのような背景があるのだろうか。

　少子化問題が注目を集める中で、インターネットなどでは、誤解にもとづいて少子化を論じている人をみかけることがある。本章では、少子化に関する誤解を解きほぐし、少子化の原因や対策を検討することを通じて、現代のライフスタイルの変化を考察してみたい。

ワーク1

　続きを読む前に、あなた自身は「少子化」の原因は何だと思うか、書き出してみよう。

少子化と女性の就業

　　まず、少子化は「女性の社会進出」が原因だとする意見を検討しよう。結論からいうと、「女性の社会進出」が原因と言い切ることはできない。女性の社会進出と少子化の関係について考えるために、OECD 諸国における合計特殊出生率（ひとりの女性が一生に産む子どもの数）と、女性の労働力率（有職女性の割合）の関係をみてみよう。図 8－1 左のように、1970 年は女性の労働力率が高い国ほど、出生率が低くなる関係にあった。しかし、図 8－1 右の 2000 年にはその関係が逆転している。つまり、ある時点をみれば、たしかに「女性の社会進出＝少子化」であったが、すべての時点でそうとはいえないのである。

　社会学者の落合恵美子は、この間の状況を次のように読み解いている。欧米諸国ではオイルショック以降の経済不況が男性の経済力を低下させ、女性の就業率を上昇させた。出生率が低下する中で、育児休業とその所得保障の導入や、就労環境の改善など、仕事と家庭を両立しやすくするための制度を整えた国ぐにが、いち早く出生率を回復させてきた。一方、日本はその後もしばらく男性ひとりで家族を養う体制が存続できたため、変革がなかなか進まなかった。バブル経済崩壊以降、日本では専業主婦を前提にする制度からの脱却がなかなか進まない中で、結婚のコストが高まり、晩婚化とそれによる出生率低下が進んでしまった（落合 2019：xii, 266-267）。

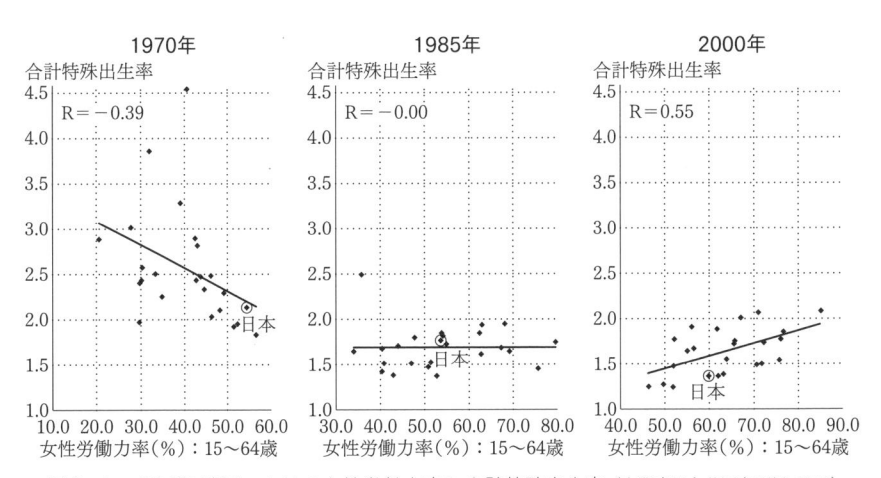

図 8－1　OECD 諸国における女性労働力率と合計特殊出生率（内閣府男女共同参画局 2005）

少子化と結婚のコスト　結婚や子どもを持つことのコストが高いという問題は、現在も日本の少子化の一因といえる。2021 年の「出生動向基本調査」によると、「いずれ結婚するつもり」と答えた独身者に、結婚することに対して何らかの障害があるかを尋ねたところ、男性で 65.2 ％、女性で 69.3 ％が障害があると答えており、そのうちもっとも多い障害が経済力不足を指摘する「結婚資金（挙式や新生活の準備のための費用）」で、「いずれ結婚するつもり」と回答した男性の 47.5 ％、女性の 43.0 ％にのぼった（国立社会保障・人口問題研究所 2023）。

　また、同調査では、理想とする子どもの数や、予定している子どもの数を尋ねているが、理想の数の子どもを持てないと考えている夫婦は 4 分の 1 に達していた。その理由でもっとも多いのが「子育てや教育にお金がかかりすぎるから」で、52.6 ％であった。結婚や子どもを持つことを望みながら、経済的理由でその希望が妨げられている人が少なくないことがわかる。

　日本社会の少子化は、晩婚化・非婚化と、結婚カップルの子ども数の減少が大きくかかわっていると論じられてきた（子ども家庭庁 2020 など）。その背景に、結婚や子どもを持つことのコストが高いという問題がみえる。

2　変わる「結婚」

「個人の自由」としての結婚　少子化が進む背景に、結婚のあり方や結婚観の変化は関係しているのだろうか。

　戦後の日本において、結婚は「誰もがするもの」であった。落合は、1955 年から 75 年までの時期には、結婚適齢期という規範が強く、多くの女性が 24 歳で結婚し、専業主婦になり、2 人か 3 人の子どもを産んだことを分析している。この時期は、すべての男女に、画一的なライフコースや、画一的な家族を強要する時代であった。その後、徐々に適齢期規範が弱まり（落合 2019：71-72）、女性のライフコースも多様化していく。

　「男女共同参画社会に関する世論調査」によると、2009 年には 70.0 ％の人が「結婚は個人の自由であるから、結婚してもしなくてもどちらでもよい」と考えており、1992 年時点（62.7 ％）と比較しても、その割合は増加していた（内

閣府 2009)。また、2021 年の NHK による「ジェンダーに関する世論調査」に
よると、選択的夫婦別姓に賛成する人は 57％、同性婚に賛成する人は 57％で、
どちらも反対を上回っていた（NHK 2021）。これらのデータからわかるように、
近年、結婚は「個人の自由」と捉えられ、さまざまなライフスタイルを認める
人が多数を占めるようになった。なお、「同性婚を認めると少子化が進む」と
する意見も散見されるが、同性婚を導入した国のデータをみるとそれは事実と
はいえない（牧村 2017）。

　「結婚は個人の自由」と考える人が多い一方で、自分自身について、「一生結
婚するつもりはない」と考える若者の割合は少ないことには注意が必要だ。た
とえば、2021 年の「出生動向基本調査」における 20 代前半の独身者を例にと
ると、「いずれ結婚するつもり」と答えた人は、前回の 2015 年調査よりも数値
がわずかに減少しているものの、男性 85.4％、女性 86.2％と、圧倒的多数を
占めている（国立社会保障・人口問題研究所 2023）。

恋愛と結婚の
関係の変化

　「いずれ結婚するつもり」だと答える人が多いのに、
晩婚化や非婚化が進むのはなぜなのだろうか。同調査
で、結婚意志のある独身者が「独身でいる理由」を尋ねたところ、25～34 歳
では、「適当な相手にまだめぐり会わないから」の選択率がもっとも高く、男
性の 43.3％、女性の 48.1％がこれをあげた。ただし、同調査をみると、18～
34 歳の独身者全体のうち、男性の 60.0％、女性の 64.8％が異性との交際経験
を有しているし、交際相手がいる人の割合についても、多くの人が結婚してい
た 1982 年の数値と最新の数値に、各世代ともにそれほど違いはない（国立社会
保障・人口問題研究所 2023）。なのになぜ「適当な相手にまだめぐり会わない」
のだろうか。

　その背後には、恋愛と結婚の関係の変化もあるかもしれない。近代家族（⇒
第 9 章参照）においては、男女が恋愛を経て結婚し、性関係を結び、子どもを
持ち、生涯添い遂げることが理想とされていた。このような「愛＝結婚＝性」
という考え方を**ロマンティックラブ・イデオロギー**という。藤本由香里は、
1970～80 年代の少女マンガが「愛のある結婚への憧れ」や「美しい愛の幻想」
を描き、自己犠牲をはらってでも愛を捧げることが尊いのだと、女性たちを愛

の幻想に縛りつけてきたと論じている（藤本 2008）。

　ロマンティックラブ・イデオロギーの変化は 1990 年代のことである。谷本奈穂と渡邉大輔は、雑誌の分析を通じて、「恋愛のゴールは結婚であるべきだ」とする認識に代わって、90 年代以降、結婚には恋愛感情がともなっていなければならないが、恋愛には結婚がともなわなくてもよいとする新しい考え方が成立したことを論じている（谷本・渡邉 2019）。つまり、90 年代以前には、恋愛は結婚に直結していたが、それ以降は、結婚に結びつく恋愛はどれなのかを選択しなければならなくなったのである。その結果「まだめぐり会っていない」と捉える人が多くなったと考えられる。

　恋愛と結婚の分離が進むなかで、欧米社会では、結婚が減少し、法律上の結婚をせずに子どもを持つ事実婚カップルが増えていった。他方、日本では、経済状況の悪化とあいまって、恋愛と結婚の変化が晩婚化を推し進めていったのである。

グループワーク

　グループで、恋愛や結婚を描く映画やドラマなどの作品を選び、そこから見えるその時代の恋愛観や結婚観は何か、話し合ってみよう。

3　男性と女性の働き方の変化

男女平等に向けた法律制定　　ところで、日本ではなぜ、なかなか女性の社会進出が進まなかったのだろうか。戦後日本では、憲法で男女平等を掲げていたものの、「男は仕事、女は家庭」というライフスタイルを前提として社会の制度が組み立てられてきた。職場においては、就職や昇進に関する男女差別だけでなく、女性のみに適用される結婚退職の慣行など、男女間の格差が長らく維持されてきた。また、どんなに裕福でも「サラリーマンと専業主婦」から成る家族は税金や社会保障などで優遇され、他の家族形態よりも有利な立場に置かれてきた。

　この状況を改変するために、まず、1985 年に**男女雇用機会均等法**が制定さ

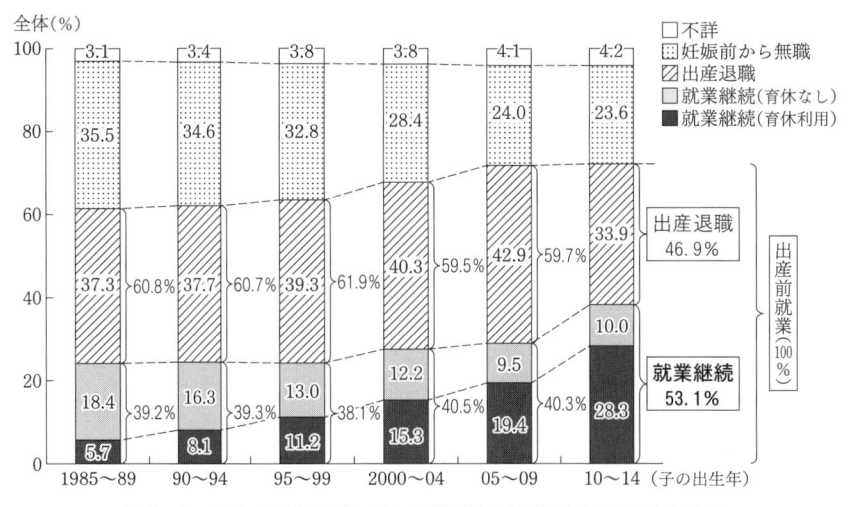

図 8-2　第 1 子出産前後の妻の就業経歴（内閣府男女共同参画局 2018）

れた。ただし、この法律は当初効力が弱く、また、同時期に広がった「総合職／一般職」というコース別人事によって、多くの女性が補助的業務で昇進の可能性が低い「一般職」に振り分けられたため、男女間の格差は維持されたままであった。その後、育児・介護休業法（1991 年）や男女共同参画社会基本法（1999 年）、女性活躍推進法（2015 年）などが制定されてきた。男女共同参画社会基本法では、男女が対等に社会参画も家庭運営もできるような社会に進むべきことが宣言された。

　雇用機会均等法も改正を重ねるなかで、少しずつ変化が生じている。一例を示すと、第 1 章では、子どもが生まれても父親の就業状況は変化しないのに、母親は退職する人の割合が非常に高いという、男女で非対称な状況があったことを論じたが、図 8-2 が示すように、就業女性のうち、出産後にも就業を継続した割合が、2010 年代に初めて半数を超えた（53.1％）。根強かった出産退職の慣行も、ようやく今、変化し始めている（落合 2019：239）。

　　　　　　　　　　　　　第 1 節では、仕事と家庭を両立しやすくするための
少子化と男性問題　　　制度が整った国が、いち早く少子化から回復したこと
を論じたが、少子化の原因は、もちろん女性の側だけにあるのではない。仕事

と子育ての両立の難しさは、とくに男性の側に顕著である。

　その背景には、日本の長時間労働という問題がある。長時間労働は男性だけが直面している問題ではないが、1990 年代には一週間の労働時間が 60 時間を超える人は、30 代・40 代男性の 30 ％近くに上っていた（総務省 2015）。長時間労働は過労死を引き起こすこともある大きな問題である（事実、過労死は男性の割合が高い）。そのうえ、男性の長時間労働は、女性のみに子育ての負担を強いることにつながってきた。事実、社会学者の柴田悠（2024）は、「夫の労働時間・通勤時間」が少ないほど、「夫の家事時間・育児時間」が増え、「妻の出産意欲・希望子ども数・子ども数」などが増える傾向が見いだせることを指摘している。

　福祉国家研究者の G. エスピン-アンデルセン（2008）は、これまでのジェンダー平等政策が、女性の人生を男性の人生に近づけるような「女性の男性化」に偏っていたことを問題視し、男性の人生を女性の人生に近づけるような「男性の女性化」が重要だと比喩的に表現している。社会学者の阪井裕一郎は、国際比較データでは、男性が家事・育児に費やす時間の多い国、そして育児休業取得率の高い国が相対的に高い出生率を示していることをふまえて、ジェンダー平等のためには、男性がもっと家事・育児・介護などのケア労働を担うことが不可欠であることを論じている（阪井 2024）。長時間労働を解消し、男女ともに仕事だけでなく、家庭生活や個人生活を豊かに送ることができる、ワーク・ライフ・バランスを実現するための社会全体の取り組みが求められている。

4　少子化対策に求められることは

少子化対策の理念　最後に、あらためて少子化対策として必要なことは何かを考えてみたい。

　政府が出生率の低下を政策課題と捉えたのは、1990 年の「1.57 ショック」の時点からである。厚生省人口問題審議会が設立され、1997 年に「少子化に関する基本的考え方について」がまとめられた。この文書は、少子化対策で注意すべき基本的な前提として、「戦前・戦中の人口増加政策を意図するものでは毛頭なく、妊娠、出産に関する個人の自己決定権を制約してはならないこと

はもとより、男女を問わず、個人の生き方の多様性を損ねるような対応はとられるべきではない」と述べる。そして、留意事項として「子どもを持つ意志のない者、子どもを産みたくても産めない者を心理的に追いつめるようなことがあってはならないこと」「文化的社会的性別（ジェンダー）による偏りについての正確な認識に立ち、そのような偏向が生じないようにすること。例えば、女性は当然家庭にいるべき存在といった認識に立たないこと」「優生学的見地に立って人口を論じてはならないこと」が明記されている（厚生省人口問題審議会 1997）。

「優生学的見地」＝優生思想（⇒第 13 章キーワード）の事例として、ナチスドイツが自民族には出産を奨励し、ユダヤ人やロマ族、障害者、同性愛者などを大量殺戮したことなどが知られているが、優生思想は戦後も長く引き継がれてきた。

日本では 1996 年まで優生思想にもとづく法律である「優生保護法」が存在していた。この法律は、医師が必要と判断すれば、知的障害者などに対して本人の同意なしの不妊手術も認めていた。この強制不妊手術は現在判明しているだけでも約 2 万 5 千件も行われ、2024 年にようやく最高裁判所で憲法違反を認める判決が下された（『朝日新聞』2024 年 7 月 4 日）。長い期間にわたり、優生思想によって、時の政府の都合にあわせて、出産が奨励されたり、子どもを持つ自由が奪われたりしてきたのである。「少子化に関する基本的考え方について」は、優生思想を批判し、「妊娠、出産に関する個人の自己決定権」の重要性を確認している。

| 暴走する少子化対策に抗して |

ただし、残念ながら、これらの理念に反するような動きがみられたこともある。そのひとつが、2015 年に起きた、高校保健の副教材の「妊娠のしやすさと年齢」データ改ざん事件である。このグラフはそもそも半世紀以上前の台湾など複数の社会から得られた人口学的データにもとづくものであったうえに（現在の女性とは結婚年齢も栄養状態も異なっているのに！）、グラフの形も 22 歳をピークに急激に低下するように数値を変更されていたことが、研究者たちの追究によって明らかになった。西山千恵子らは、この事件を、全国の高校生に若い年齢での妊娠・出産へと圧力

をかけようとする、少子化対策の暴走であると論じている（西山・柘植編 2017）。

　妊娠・出産については、政府の都合などではなく、**リプロダクティブ・ライツ**（性と生殖に関する権利）が何よりも重視されなくてはならない。リプロダクティブ・ライツとは、「すべてのカップルと個人が自分たちの子どもの数、出産間隔、ならびに出産する時を責任をもって自由に決定でき、そのための情報と手段を得ることができるという基本的権利」であり、「差別、強制、暴力を受けることなく、生殖に関する決定を行える権利」である（西山・柘植編 2017：218）。

　子どもを持つにあたっては、妊娠や出産に関する情報がもちろん必要である。ただ、それは改ざんされた情報などでは決してなく、自由な選択を可能にするための正確で多角的な情報であるはずだ。

　人口問題研究者の藤波匠は、晩婚化・非婚化や、結婚カップルの子ども数の減少に加えて、2005 年以降は人口要因（15 歳から 45 歳の女性の人口が減っていること）が少子化の主因になったことを指摘している（藤波 2023）。少子化の原因は、時代とともに変化していくことだろう。それでも、まず求められているのは、子どもを持ちたいと考える人たちが希望をかなえられるようにするために、それを阻む社会の側の問題を改善していく少子化対策なのである。

> **ワーク2**
>
> 　自分がこれまで住んだ市町村や、将来住みたい市町村などで取り組まれている少子化対策を調べてみよう。また、その対策は、本節で紹介した「少子化に関する基本的考え方について」や、リプロダクティブ・ライツの視点をふまえているか検討してみよう。

「推し」と恋愛

　大学の講義で若者の恋愛離れ（牛窪 2015）について話すと、受講生から「「推し」がいれば、恋人は別にいらない」という反応をよく受ける。また、親世代には、このことが理解されにくいという話も聞く。

　実際にデータをみると、1990 年代まで青少年のデート・キス・性交の経験率は急激に上昇してきたが、2000 年代以降は下降傾向にある（林 2018）。ただし、現在が特殊なわけではなく、むしろ 90 年代前後こそが、恋愛を過剰に重視する特殊な時代だったのかもしれない。筆者も 90 年代を若者として過ごしたひとりだが、当時の「クリスマスは恋人と」「恋人がいない子はかわいそう」といった恋愛至上主義の風潮は、今考えると不思議にも思えてくる。

　家族社会学者の山田昌弘は、若者がアイドルや架空のキャラクターを対象とするバーチャル恋愛でロマンティックな気分を満足させていることを、未婚率の上昇と関連づけて論じている（山田 2017）。「推し」への愛は、山田が述べるように「結婚によって満たされるはずであった親密感情」を分散させる若者の戦略なのか、それとももっと純粋な何かなのか。推し活がブームとなる今、ここに現代を読み解く重要なカギが眠っていそうだ。

キーワード

ロマンティックラブ・イデオロギー

　　恋愛結婚イデオロギー。『岩波女性学事典』は、「恋愛を基礎とする結婚こそ唯一の正当な男女関係であると見なす、近代に特徴的な考え方」と定義している（井上ほか編 2002）。ただし、その結婚は異性愛を前提とし、男女で異なる性の規範（性の二重基準）をともない、女性のみに恋愛結婚を人生の主要な達成目標とするものであった。

男女雇用機会均等法

　　働く人が性別により差別されることがないように、雇用の分野における男女の均等な機会及び待遇の確保を図る法律。何度かの改正をへて、募集・採用、配置・昇進等での性別を理由とする差別の禁止や、婚姻・妊娠・出産等を理由とする不利益取扱いの禁止、セクシュアル・ハラスメントなどに関する規定などを定めている。

リプロダクティブ・ライツ

　　近年、リプロダクティブ・ヘルス／ライツ（性と生殖に関する健康と権利）の定義や概念を継承しながら、女性や少女に限らず、すべての人に普遍的なものとして、「セクシュアル・リプロダクティブ・ヘルス／ライツ（SRHR）」という言葉が用いられるようになった。SDGs（持続可能な開発目標）の目標 3 と目標 5 も SRHR の理念を組み込んでいる。

ブックガイド

荻野美穂『女のからだ──フェミニズム以後』岩波新書、2014 年

　　1970 年代アメリカから始まる「女の健康運動」や、日本のウーマンリブと優生保護法の関係、そして生殖技術の問題まで、「女のからだ」をめぐる歴史をひもとくことで、現在の私たちが直面する問題にも切り込んでいる。

上野千鶴子『家父長制と資本制──マルクス主義フェミニズムの地平』岩波現代文庫、2009 年

　　家事と育児に追われてクタクタの毎日を送っていても、なぜ専業主婦は「三食ヒルネつきの身分」と揶揄されたり、「養ってやっている」と言われたりしてしまうのか。日本のジェンダー研究を牽引してきた上野千鶴子が、「男は仕事、女は家庭」というジェンダー構造を解き明かす本。

スコット、J. W.『ジェンダーと歴史学（30 周年版）』荻野美穂訳、平凡社ライブラリー、2022 年

　　近代産業社会が成立しはじめた英仏で「労働者」概念から「女性」がいかに排除されていくのかを分析すると同時に、既存の歴史学がいかに男性中心の権力構造の再生産に加担してきたのかを描き出す。ジェンダー研究にも歴史研究にも大きなインパクトを与えた本。

第 **9** 章

あなたにとって「家族」とは誰？
── 性別役割分業／新・性別役割分業、同性婚、ケア

堀あきこ

1 「家族」の枠組みを考える

見知らぬ人と
暮らす条件

2011 年 3 月 11 日、戦後最大の自然災害である東日本大震災が発生した。連日、巨大な津波が町や家を飲み込んでいく様子がメディアで映し出されると同時に、東京電力福島第 1 原子力発電所事故からの避難を求める人びとの声も報じられた。被災地から県外への避難は、全国各地の自治体による公営住宅や民間賃貸住宅を借り上げて提供するみなし仮設などで対応されることになる。だが、深く印象に残っているのが、震災直後に、被災者と面識のない個人宅にも避難先の住居提供を求める声があったことだ。親戚や知人を頼って避難できる人ばかりではない。家財や衣類など生活に必要なものを失った状態で、被災地からの避難を願う人がいるという未曾有の状況のなか、「我が家に避難してください」と名乗り出た人たちもたくさんいた。

筆者は「自分の家に来てもらうことは可能だろうか。もし、避難生活がここで始まったなら生活はどう変わるだろうか」と思いを巡らせていた。大学のゼミにシェアハウス生活をしている先輩がいて、メリットやデメリットをいろいろと聞いていたこともあり、他人との生活は不可能ではないだろうとぼんやり考えていたし、当時住んでいた家には、ふだん使っていない部屋があった。しかし、プライバシーを確保できる間取りではなく、互いが落ち着いて生活をするには無理があった。結局、避難先として手をあげることを断念したのだが、

その時から考えるようになったのが「どのような条件が整えば、見知らぬ人と生活することができるのだろう」ということだった。

血縁？　同居？

同じ家で暮らす他者として、まっさきに頭に浮かぶのは家族だろう。家族以外と一緒に生活することなど想像できない、ましてや見知らぬ誰かと暮らすのは怖いと感じる人もいるのではないだろうか。しかし、子どもの虐待や配偶者等からの暴力、要介護の親に対する暴力は家庭内で起こるのだから、家族だからといって誰もが安心に暮らせるわけではない。

「家族」とは、（共通の先祖を持つ）血縁関係がある者だと考えがちだが、そもそも、家族の最小ユニットとして社会的に取り扱われる法律婚夫婦に血縁関係はない。養子縁組など血縁がない家族もあるし、子どものいる再婚によってできたステップファミリーや、第三者の精子・卵子提供など生殖補助医療を受けた家族は血縁のつながりだけではない。また、血縁はあっても、肉親からひどい暴力を受けている人にとって、加害者を家族と受け止められず、助けてくれる人を家族のように思ったり、どうしても折り合いが悪い血縁者より、人生のさまざまな出来事を共有できた友だちを家族と感じたりすることもあるだろう。

血縁以外に家族の条件としてあげられることが多いのが同居である。しかし、単身赴任や下宿で離れて暮らす場合、それでも家族だと思う人もいれば、離れて暮らすのならば家族といえないと考える人もいる。あるいは、同居していても、使用人や居候のような関係の場合、家族と呼べるのか迷うこともあるだろう。よって同居も家族の必要条件ではないといえる。

また、一方が家族と認識しても、もう一方は家族と認識していないことがある。したがって、誰を家族と考えるかは、互いのコミュニケーションの中で立ち上がってくる相互主観的なものといえる。「家族」は客観的な定義づけができないものといえ、家族社会学という学問領域でも「家族」の定義は「いまだ合意が存在していないアポリア（難題）」とされている（片岡 2009）。では、あなた自身にとって「家族」とは誰だろうか？　以下では、家族の枠組みについて、そのイメージと内実がいかなるものかを検討してみよう。

ワーク1

「家族」と聞いて、あなたが思い浮かべるのは誰だろうか。自分にとっての家族を書き出してみよう。犬や猫といったペット、亡くなってしまった人、大好きなアイドルや大切なぬいぐるみを入れる人もいるかもしれない。また、相手から自分は家族と思われているかも合わせて考えてみよう。

2 「家族」のイメージと実際

**「家族」のイメージ①
ピクトグラム**　「家族」は日常的に使っている言葉なのに、定義するのが難しく、人によって家族の範囲が異なっているという特徴がある。しかし、「家族」と聞いてイメージできるものはあり、そして、それはあるパターンに偏っていることが指摘できる。

図9-1は人を示すピクトグラムである。ピクトグラムは、できる限り情報を減らしたデザインで、スカートのシルエット＝女性のように、ステレオタイプを用いて一目で理解できることを目的としている。一般的に図9-1からは、お父さん、お母さん、男の子と女の子の4人家族という情報を読み取れるだろう。この組み合わせは、私たちに馴染みのある家族イメージといえる。

では、図9-2はどうだろうか。図9-1の男性が女性に変わっただけなのだが、図9-1のように4人家族と読み解けただろうか。レズビアンマザーの家庭だと思った人もいれば、子ども連れのお母さんが2組だと考えた人もいるだろう。

図9-1　人を示すピクトグラム
（ピクトアーツ「4人家族」改変なし）

図9-2　人を示すピクトグラム
（ピクトアーツ「4人家族」一部改変）

　図9‑1はひっかかりなく4人家族と解釈できても、図9‑2は「家族」イメージに合致しないためひっかかってしまう人は少なくない。社会にはレズビアンマザーの家庭があり、マスメディアでインタビューを受けている人もいる。しかし、彼女たちの存在は、まだまだ不可視にされていて、家族像がイメージされるときに除外されることが多いのである。

「家族」のイメージ②
共働きと専業主婦
　図9‑1から想起されるのは、お父さん、お母さんに子ども2人という家族であった。こうした形態の家族は「近代家族」と呼ばれる。社会学者の落合恵美子は、私たちが「あたりまえ」の家族と思うような、「家族愛の絆で結ばれ、プライバシーを重んじ、夫が稼ぎ手で妻は主婦と性別分業し、子どもに対して強い愛情と教育関心を注ぐ」家庭を「近代家族」と論じている（落合 2019：22）。こうした家族像は、近代という時代に生まれたものであって普遍的なものではないこと、日本では「戦後の家族体制」として1955年から大衆化し（「家族の55年体制」）、高度経済成長期にもっとも広がったものであることが指摘されている（落合 2019）。

　女性が主婦であることが「あたりまえ」となったのは戦後のことであり、夫が一家を養い、妻が家庭で家事育児に専念する（女性は未婚のときは正社員として働いていても、結婚や出産を機に退職する）、という家族のあり方は、共働き家庭のほうが多くなった現在（図9‑3参照、1997年以降継続して共働き世帯のほうが専業主婦世帯より多くなる）、「あたりまえ」のものではなくなっている。

　私たちが「家族」をイメージする際に参照するのは、自分の家族であったり、

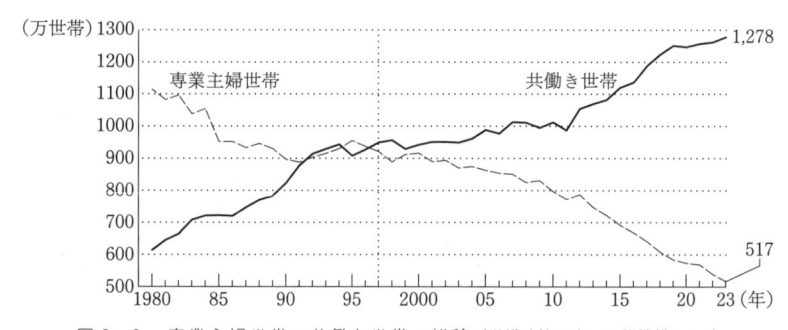

図9‑3　専業主婦世帯と共働き世帯の推移（労働政策研究・研修機構 2024）

メディアで描かれる家族像であったりする。すでに共働き家庭は専業主婦家庭の2.5倍ほどになっているのだが、それでも、家庭の責任は妻にあるというイメージはいまだ社会に強固である。それはメディアの表象に見て取れるだけでなく、女性が家庭と仕事の二重の責任を受けもつ**新・性別役割分業**という概念でも示されている。

「家族」のイメージ③　標準家族　**【ワーク1】**で、あなたにとっての家族は何人だっただろうか。図9-1のような両親と子ども2人の4人の家族構成、かつ、夫が収入を得て妻が専業主婦という世帯を日本では「標準家族」と呼ぶことがあり、税金や社会保障を考える際のモデルケースとされている。標準家族は核家族世帯の一形態であり、核家族には①夫婦のみの世帯、②夫婦と未婚の子のみの世帯、③ひとり親と未婚の子のみの世帯がある。世帯は家族と似た概念であり、「住居及び生計を共にする者の集まり又は独立して住居を維持し、若しくは独立して生計を営む単身者」（厚生労働省 2023）と定義される。家族は世帯であることが多いが、世帯は単身赴任などの非同居家族を含まないため家族とは限らない。

　メディアにもっともよく登場するのは「クレヨンしんちゃん」のような親子4人の標準家族や、「ドラえもん」のような核家族であるが、実際にはこのような世帯も現在の日本社会では「あたりまえ」ではない。図9-4は「令和2年国勢調査」の結果である。もっとも多いのは1人世帯で全体の約4割（38％）を占め、ついで多いのが2人世帯で28％となっている。家族の代表的イメー

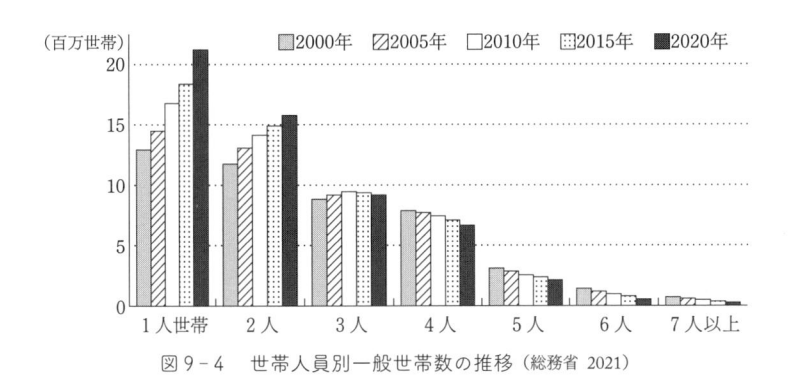

図9-4　世帯人員別一般世帯数の推移（総務省 2021）

ジである 4 人世帯は 11.9 ％でしかなく、「ちびまる子ちゃん」の 6 人世帯は
1.1 ％、「サザエさん」の 7 人世帯は 0.5 ％である。社会では 1 人や 2 人世帯が
大多数であるのに、「家族」イメージとしては夫婦と未婚の子の組み合わせが
根強いといえる。

グループワーク

　アニメやマンガ、ドラマや映画、CM、小説、ゲームなど、家族像はメディ
アにあふれている。家族が登場する自分の好きな作品や最近見たコンテンツ
などを持ち寄り、グループでどのような家族が描かれていたか調べよう。家
族メンバーは何人か、血縁関係、婚姻関係、同居・非同居などを整理・分類
して、メディアに描かれやすい家族像を具体的に考え、さらに描かれていな
い家族像はどのようなものかを考えてみよう。

---

3 近代家族イデオロギーと多様な家族

近代家族イデオロギー　現在では「標準」とはいえない片働きの 4 人世帯が
「標準家族」とされるように、私たちが想起しやすい
家族イメージというのは、さまざまな家族の実態を反映したものでなく、近代
家族イデオロギーに依拠したものだといえる。ここでいう近代家族イデオロ
ギーとは、「近代以来の「理想の家族像」という固定観念」(栗山 2020) を指す。
落合の近代家族の定義にあったように（前出）、**性別役割分業**を固定的なもの
として捉えたり、愛情による結びつきを重視しているほか、近代家族のあり方
を普遍的なものと考えたり、母親の子どもへの愛を「あたりまえ」のものとし
て神聖化していることにも、「家族とはこうあるべき」というイデオロギーが
反映されている。そこには明治政府以降、法律や制度によって、国家が主導し
て近代家族を人為的に構築してきたことも関係している（上野 2020 など）。

同性婚　こうした近代家族イデオロギーと合致しないものと
して排除されているのが、**同性婚**だといえる。同性婚

は、①同性カップルにはない権利保護の問題、②婚姻が異性間に限られているという差別の問題、としてその実現が要求されてきた。

　性的マイノリティが直面している問題に対する社会的な関心の高まりを背景に、2015年から自治体によるパートナーシップ制度の導入が始まり、2019年2月からは「結婚の自由をすべての人に」訴訟が起こっている。訴訟のひとつである2021年3月の札幌地裁では、異性婚に限った民法や戸籍法の規定は「法の下の平等」を定めた憲法14条に反するとして、「合理的な根拠を欠いた差別的な扱い」であるという判決が出された。また、2024年12月の福岡高裁では、幸福追求権を保障する憲法13条への違憲判決が下された。同性婚については、各種の世論調査でも「認めるべきだ」という回答が上昇する傾向にあり、とくに大学生のような若い世代の支持率は圧倒的に高く、「どうして実現していないのかわからない」という声を聞くことも多い。

　2015年に東京都世田谷区・渋谷区で始まった自治体によるパートナーシップ制度は、カップルがパートナーであることを認定するもので、権利保護には程遠い。たとえば、異性カップルであればできる、一方が亡くなったときの相続や財産分与には遺言が必要であり、遺族年金の受取も同性パートナーにはできない。婚姻によって保障される権利であるため、同性パートナーは法による保護を受けられないのである。

　また、近年、パートナーシップ制度と併せて制定されることが増えているのがファミリーシップ制度である。ファミリーシップ制度では、宣誓する人の子や親も、同意があればファミリー（家族）として証明される。婚姻届を出した（出せる）異性婚カップルであれば、パートナーの親や連れ子との関係を問われる機会は少ない。しかし、パートナーシップ制度はパートナーであることを認定するものなので、家族は別に証明が必要となる。ファミリーとみなされないことで、保育所の送迎や医療同意、最期の立ち会いでの対応に困難をかかえることがあるのだ。証明が必要とされる背景には、同性パートナーは「**ケアの絆**」からも排除されかねない、社会的に非常に不安定な状態に置かれていることが垣間見える。

家族とケア

家族の重要な機能のひとつに、子育てや介護、看護といったケアがある。ケアは人が生きるために必要不可欠なものであること、そして、ケア役割は女性に割りあてられるというジェンダーの視点と切り離すことができないことから、フェミニズムの重要な論点となっており、ケアから「家族」の枠組みを捉えなおす論者は多い（たとえば、ファインマン 2003、2009；岡野 2012；キテイ 2023 など）。

　ケアから「家族」を見つめることで、ひとりが外で有償労働をし、ひとりが家庭で無償のケア労働をするという性別役割分業が成立しないシングル・ペアレント家庭、なかでも非正規雇用であるため働いていても低所得であるシングル・マザー家庭の存在が浮かび上がってくる。独立行政法人労働政策研究・研修機構の「第 5 回（2018）子育て世帯全国調査」では、厚生労働省公表の貧困線を下回っている母子世帯の割合は 51.4 ％であった（労働政策研究・研修機構 2019）。厚生労働省の「2022 年 国民生活基礎調査」では、2021 年の子どもの相対的貧困率は 11.5 ％で、ひとり親世帯に限ると 44.5 ％である（厚生労働省 2023）。貧困線を下回るとは、憲法で保障されている「健康で文化的な最低限度の生活」すらままならない状態に置かれていることを意味する。ひとり親家庭も近代家族イデオロギーと合致せず、「家族」のイメージ、家族像から見落とされがちであることを看過してはならない。

4　「家族」とは何か

　あなたにとって「家族」とは誰かという問いから、家族の枠組みを考え、近代家族イデオロギーが深くかかわる家族像や、そこから見落とされがちな多様な家族について検討してきた。家族はケアや愛情によって、自分を優しく包んでくれる場となることもあれば、暴力やストレスの源泉の場となることもある。誰を家族と思っているかがさまざまであるように、家族がどんなものであるかも多様なのである。しかし、そうした家族の多様性が無視され、権利や保障、社会福祉から排除されることがある。ここに深くかかわっているのが近代家族イデオロギー、広く共有されている家族イメージだといえる。

　最後に、「家族」と見知らぬ人との暮らしについて触れておこう。血縁も同

居も家族の条件でなく主観的なものであると論じてきた。生活の営み自体としては、「家族」と見知らぬ人との暮らしは、それほど変わらないともいえる。また、恋人との同棲や、友人とのルームシェアなどは、血縁という付与された人間関係ではなく、ゼロからつくりだした人間関係による同居である。見知らぬ人との生活も血縁ではない人間関係をつくっていくことだと考えれば、同棲やルームシェアと大きな差はないのかもしれない。「もし、見知らぬ人と暮らすことになったら」と想像し、どんな条件であればそれが可能になるのか、それは「家族」とどう違うのか、ぜひ考えてみてほしい。

ワーク2

　「もし、見知らぬ人と暮らすことになったら」と想像してほしい。「家族」であれば、あなたが病気になったときに介抱してくれたり、落ち込んだときに話を聞いてくれたり、楽しく一緒に食事をしたり、ということを想像できるだろう。しかし、それは「家族」でなくても実現できることでもある。見知らぬ人との「家族のような暮らし」を想像することで、「家族」とはいったい、どのようなものであるのか、あらためて考えてみよう。

わたしと家族

　私の家族はちょっと複雑だ。実父と実母と2人姉妹という家族構成だったが、両親は離婚。その後、母が再婚し、私たち姉妹は養父と養父の母と一緒に暮らすことになった。当時50代だった祖母は、顔を見たこともない高校生と中学生の孫がいきなりできたことになる。

　大正15（1926）年に生まれた祖母は、戦時中、一人で石川県から京都にやってきた。顔を見たこともない男性と結婚するためだ。女学校を卒業してすぐ結婚し、専業主婦として子育てと、早くに亡くなってしまった夫の親や親戚の介護に追われたという。祖母の家族経験は、性別役割分業や近代家族、三世代同居という言葉に当てはまっている。しかし、実際には、そうした言葉からイメージされる「家族」のあり方と、祖母の経験はずいぶん違うものだったといえる。

　また、私自身、離婚をし、婚姻時の姓をそのまま使用することを選んだため、戸籍は自分だけの新たな戸籍（分籍、単独戸籍）になっている。離婚をすると、原則的には元の両親の戸籍に戻る（復籍）のだが、私は、複数回変わった姓のどれにも愛着がなかったため、婚姻時の姓を選んだ。現在、私が戸籍の全部事項証明をとっても、そこには妹の名も祖母の名も記載されていない。血縁や戸籍は、わたしの実態としての「家族」を映し出しておらず、なんだか奇妙に思えるものだといえる。

キーワード

性別役割分業／新・性別役割分業

　性別役割分業とは、女性を私的領域の労働（家事、育児、介護などの家庭での無償労働）に、男性を公的領域の労働（有償労働）に割り振ること。結婚後も働きつづける女性が増えたにもかかわらず、現在でも性別役割分業観が残っているため、女性に家庭での責任と仕事の責任という二重負担が重くのしかかる、「新・性別役割分業」（「夫は仕事、妻は家庭と仕事」）が生じている。

同性婚

　1989年にデンマークにおいて世界で初めて、同性カップルに異性カップルと同様の権利を認める登録パートナーシップ法ができ、2001年にはオランダで同性婚が認められた。日本はG7（主要七カ国）で唯一、婚姻の平等を認めていない国である。

ケア

　子どもの時期や高齢期、ケガや病気で介助が必要になるなど、人は他者からのケアに依存しなければ生きられない存在だといえる。このような「避けられない依存」は社会全体の債務であるのに、家庭内の女性が無償で負担することが国家によって促進され、社会もそれを性別役割規範として温存してきた。ケアのコストを誰が負担しているかを考えることは、国家や政治、法や社会政策を考えることでもあるのだ。

ブックガイド

古田大輔編『子どもを育てられるなんて思わなかった──LGBTQと「伝統的な家族」のこれから』山川出版社、2021年

　「伝統的な家族観を壊す」と批判を受けることもある性的マイノリティのカップルや家族。この本は日本で子育てをしている性的マイノリティへのインタビューや、現在の法や政治の課題を取り上げている。「家族を持ちたい」と思う人の選択肢が奪われている現状を知ることから、「家族」とは何かという問題に思考を広げてほしい。

落合恵美子『21世紀家族へ──家族の戦後体制の見かた・超えかた（第4版）』有斐閣選書、2019年

　1994年の初版から版が重ねられた、日本の家族研究に欠かせない一冊。家族イメージとして強固な家族のあり方が近代という時代の産物でしかないと論じた「近代家族」という概念は、私たちが「あたりまえ」だと思っている「家族」を相対化するものであった。本章では取り上げられなかった、人口学的条件という重要な視座もぜひ、学んでほしい。

ファインマン、M. A.『ケアの絆──自律神話を超えて』穐田信子・速水葉子訳、岩波書店、2009年

　人は他者に依存せずに生きられない存在であるのならば、婚姻という「性の絆」でなく「ケアの絆」こそが重要であるとし、ケアのコストにもとづく家族・市場・国家の再編成を論じる。そもそも、なぜ婚姻届を提出したカップルはさまざまな法的・私的な権利を享受できるのか。家族の重要な機能であるケアに着目することから、「家族」という概念を捉えなおす一冊。

第**10**章

女性専用車両は「男性差別」か？

—— 痴漢、性暴力、性的同意

＊本章には性暴力に関する記述があります　　　　　　　　牧野雅子

1 痴漢をめぐる社会の認識

痴漢を軽視してきた社会　　駅や電車の中で「**痴漢は犯罪です**」というキャッチコピーを目にしたことのある人は多いだろう。痴漢は紛れもない犯罪である一方で、痴漢ごときでというような、被害／加害を軽視する風潮もあり、「痴漢は犯罪です」と言わなければならない現実があることを、このコピーは表しているといえないだろうか。

戦前から、女性が電車の中で痴漢被害に遭うことは日常だった。戦後になると、メディアは、女性たちがあらゆるところで痴漢被害に遭っている様子を伝えている。男性誌や一般誌では、痴漢は許容されるどころか、女性は痴漢をされたがっているのだと男性に都合よく解釈されていた。時代とともに、メディアの痴漢記事はエスカレートし、被害者にとっては深刻な問題であるにもかかわらず、痴漢がいかに社会に「許容」されていたかを物語る（牧野 2019）。

1990 年代に入ると警察の痴漢取締りにも力が入れられるようになるが、2000 年に痴漢事件の無罪判決が立て続けに出されたことで、痴漢犯人だと間違われる「痴漢冤罪」が社会問題化した。それまで、痴漢のススメとでもいうべき情報を提供してきた男性向けのメディアは、打って変わって痴漢冤罪を取り上げ、痴漢冤罪はあたかも痴漢被害と対置される男性の被害であるかのように語るようになる。

女性専用車両の導入　　大都市の鉄道を中心に、痴漢被害防止を目的にした女性専用車両が誕生して 20 年以上が経つ。2000 年に京王電鉄で試験運行された女性専用車両が好評を博し、翌年から深夜の女性専用車両が定期化されたのをはじめに、JR 東日本の埼京線や JR 西日本、名古屋市営地下鉄東山線、大阪市営地下鉄（現 Osaka Metro）御堂筋線などでも、痴漢被害防止の名目で女性専用車両が運行された。2005 年には首都圏を走る鉄道各社でラッシュ時に女性専用車両が導入され、女性専用車両の運用は一気に広がった。

　すでに定着した感のある女性専用車両だが、女性専用車両は男性差別だ、女性専用車両があるなら男性専用車両も作るべき、女性専用車両の利用者は痴漢に遭いそうにない人ばかりといった、女性専用車両をめぐる論争があとを絶たない。中には、女性専用車両の利用客に対する嫌がらせも起こっている。女性が安全に電車を利用できることを目的に導入されたはずの女性専用車両やその利用者が、そのことを理由にバッシングを受け、さらに安全を脅かされていることをどう考えればいいのだろうか。

　本章では、痴漢などの**性暴力**について、ジェンダーという観点から考えてみよう。

グループワーク

　女性専用車両は男性差別だろうか。また、女性専用車両があるのなら、男性専用車両も必要だろうか。その理由についても、グループで話し合ってみよう。

2　性暴力の実際

暗数の多い犯罪　　痴漢などの性犯罪は、被害に遭ったにもかかわらず、捜査機関に届けられることの少ない、いわゆる暗数の多い犯罪であるといわれる。法務総合研究所が 2019 年に実施した暗数調査によると、過去 5 年間に性的事件の被害に遭った人のうち、捜査機関へ届出をし

たと答えたのは 14.3 ％と、その割合は他の犯罪被害と比較してきわめて低くなっている（法務総合研究所 2020：11）。東京都が 2023 年に初めて実施した痴漢に関する大規模調査では、電車内で痴漢被害に遭った経験のある人のうち、被害後すぐに駅員や警察、相談機関に届出や連絡をしたのは 11.6 ％であり、被害直後に誰にも連絡や相談をしていない人は 62.4 ％にのぼった（東京都 2023：47）。

　性犯罪は、被害申告が困難なことから暗数が多く、とりわけ男性が被害に遭う事件は暗数が多いと考えられている。性暴力被害者への総合的な支援を提供するワンストップ支援センターへの調査結果でも、男性性暴力被害者の相談に対するハードルの高さが指摘されている（内閣府男女共同参画局 2020：23）。

ワーク1

　性犯罪は暗数の多い犯罪であるといわれる。(1)暗数が多いのはなぜか、(2)暗数が多いとどんな問題があるか、(3)それを改善するにはどうしたらいいか考えてみよう。

性暴力神話と二次被害／加害　　性暴力被害者が自身の被害を打ち明けづらいのは、社会にはびこる性暴力に対する誤った認識によるところも大きい。

　肌を露出する服装が被害を誘発する、被害者は若い女性に限られる、見知らぬ人からの被害が多い、襲われても抵抗すれば防げるといった、性暴力の実情とは異なる誤った認識は、「性暴力神話」や「強姦神話」と呼ばれる。しかもこの性暴力神話は、性暴力当事者と接する立場にある人の認識や、性犯罪裁判や警察の性犯罪被害防止啓発の中にもみられ、被害申告が受理されないことがあったり、被害の実情からかけ離れた判決が出たりすることが、たびたび問題になってきた。

　性暴力は、親族をはじめ、身近な人からの被害が多い。警察が検挙した事件の被害者と被疑者（加害者）の関係をみても、強制性交等事件では 70 ％以上、通り魔的な事案が多いといわれる強制わいせつ事件でも 40 ％以上が、親族を

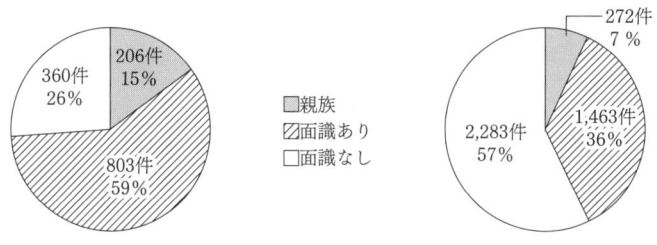

図10-1　強制性交等における，被害者と被疑者の関係別検挙件数構成比（2022年）（警察庁 2023より作成）

図10-2　強制わいせつにおける，被害者と被疑者の関係別検挙件数構成比（2022年）（警察庁 2023より作成）

含めた面識のある人から被害を受けたケースである（図10-1、10-2）。また、幼い子どもから高齢者まで幅広い年齢の人が被害に遭っている。

　各種調査からも、性暴力に遭っている被害者は抵抗などできない状態に置かれていることや（齋藤・大竹編 2020）、加害者の「被害者選択理由からは、従来流布されていたような被害者側の責任といったことは、ほとんど理由になっていない」（内山 2000：177）ことがわかっている。

　インターネットやSNS上では、自身の被害を公表した性暴力被害者へのバッシングがあとを絶たない。性暴力神話そのままに、被害自体を疑ったり、被害者の落ち度を指摘したり、公表したことを責め立てるなど、声をあげた性暴力被害者に対する非難の声は多く、深刻な二次被害／加害を生んでいる。この二次被害／加害へのおそれも、当事者が被害を打ち明けられない要因のひとつである。

男性性暴力被害者とは誰か

　男性が受ける性暴力は、女性に比べて軽いと考えられたり、加害者も男性の場合は、男同士の悪ふざけとして見過ごされたり（第5章参照）、同性愛の文脈で解釈されて被害者に差別の目が向けられることで、不可視化されてきた。そもそも、性暴力を禁止する法が、男性の性暴力被害を軽視し、差別的であった。かつて、刑法は男性に対する性交の強制は強姦とは見なさず、痴漢行為を処罰する迷惑防止条例では被害者は女性に限られていた。性暴力に関する公的調査や対策も、被害者が女性であることを前提として行われてきた。男性への性暴力に関する統計の不在は、

公的機関の男性被害に対する無関心を示しているといってもよい。

　それにもかかわらず、痴漢問題になると、男性が被害者になるということが声高に叫ばれてきた。第1節で触れたように、2000年以降、「痴漢冤罪」が社会問題となると、「男が痴漢の"被害者"になることもある」「いまや男女を問わず、被害者が出る痴漢犯罪」（牧野 2019：169）といった物言いが、頻繁に新聞や雑誌に掲載されたのだ。ここでいう男性の痴漢被害者とは、痴漢行為による被害者ではなく、痴漢に間違われる「痴漢冤罪」の被害者になることを意味していた。本来、痴漢の被害者は痴漢という性暴力被害に遭った人のことを指すはずが、痴漢に間違われることを男性の痴漢被害と呼ぶことで、男性被害者の存在がさらに不可視化されていったのだった。

3　性暴力とジェンダー

女性に対する暴力という問題化　警察庁がまとめた『犯罪統計書　令和4年の犯罪』によると、2022年の強制性交等の認知件数1,655件のうち、被害者が女性であったものは1,591件、男性であったものは64件であった（図10-3）。一方、加害者である検挙人員は1,339人で、そのうち女性は7人と、圧倒的に女性が被害者、男性が加害者である事件が多い。強制わいせつでは、認知件数4,708件のうち、被害者が女性であったものは4,503件で、男性であったものは205件（図10-4）。検挙人員は3,067人で、うち女性は16人と、こちらも、被害者は女性、加害者は男性である事件が多数を占める。

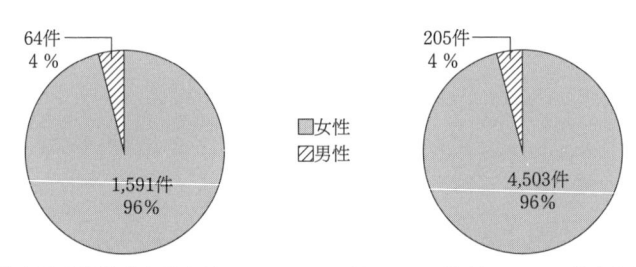

64件
4 %
1,591件
96%

205件
4 %
4,503件
96%

女性
男性

図10-3　強制性交等被害者男女比（2022年）
（警察庁 2023より作成）

図10-4　強制わいせつ被害者男女比（2022年）
（警察庁 2023より作成）

　公的な対策の中で、「女性に対する暴力」として性暴力の調査が行われたり、支援の対策がとられたりしているのは、こうした統計事実にもとづいている。どの性が被害を受けやすいかに着目して、事件の分析や防止対策を考えることはどの犯罪でも有効であり、性犯罪を女性が被害に遭う可能性の高い犯罪という枠組みで考えることで、被害の防止や支援につなげていくことは重要である。性暴力は女性が被害に遭いやすいという「ジェンダー」の問題であり、防止対策にも「ジェンダー」の視点が必要なのだ。

　一方で、性暴力被害者は女性に限らない。また、加害者も男性に限らない。しかも、多くの人がもっている「男性＝加害者、女性＝被害者」というイメージから外れるケースは不可視化されやすいのであれば、潜在的な男性被害者や女性加害者が多くいることも考えられる。性暴力を「女性に対する暴力」として問題化することが、男性の被害を見えなくさせ、男性被害者を抑圧するものとして働いていることも事実である（宮﨑・西岡 2023）。そうだとすれば、性暴力はジェンダーの問題ではないのではないだろうか。実際、被害者支援に関する場面で、「性暴力被害にはジェンダーは関係がない」「さまざまなジェンダーの人が性暴力被害を受けている」と言われている。

ジェンダーの問題としての性暴力

　ここで、「ジェンダー」という言葉がどのように用いられるのかを確認しておこう。「ジェンダー」という言葉には、性別や性差を示す語として使用される場合から、性別や性差について社会に共有された知識一般を指す場合まで、多様な用法がある（江原 2007）。たとえば、「性暴力にはジェンダーは関係がない」では、ジェンダーは性別という意味で用いられている。公的な場面や意思決定段階の多くを男性が占めており、女性の経験や意見が反映されていないことへの批判を込めて、「ジェンダーの視点」の必要性が叫ばれることが多いが、ここでいう「ジェンダーの視点」とは女性の視点と近いニュアンスで用いられている。新聞をはじめ報道の場面で「ジェンダー」という言葉が用いられるときには、女性差別を問題視する文脈で使用されることが多い。

　性暴力の問題を考える際には、たんに性別や性差という意味だけでなく、性別や性差に関する社会の認識としての「ジェンダー」を問いなおすことが必要

だ。これまで性暴力被害女性が声をあげてもかき消されてきたのは、男性優位の社会が劣位にある女性の声に耳を傾けてこなかったということが大きい。また、性暴力が異性愛者の恋愛のバリエーションのひとつと見なされることで女性の被害が軽視されてきたこと、性別二元論／異性愛主義から外れたところで行われた性暴力はないことにされてきたこと、異性愛規範の強制のために性暴力が用いられるケースがあること、男性性暴力被害者が保護の対象から外れてきたことなど、性暴力の問題は「ジェンダー」と密接な関係がある。一般的に性暴力被害者は女性が多いと見なされて男性被害者が不可視化されていることや、女性による加害行為を軽視する風潮も、「ジェンダー」の問題として考えていく必要がある。

4　性暴力をめぐる社会の変化

性暴力被害当事者の声　　近年、性暴力被害当事者が自身の被害経験を語る動きが広がっている。世界的な #MeToo（第 12 章参照）や 2019 年の性犯罪無罪判決に端を発した日本のフラワーデモなどの運動は、性暴力被害を顕在化させた。

　教員による性暴力や、女性記者が取材先でさらされるセクシュアル・ハラスメント、アートやエンターテインメントの分野で行われてきた性暴力も被害者の声によって明るみに出されている。性犯罪の事件報道やメディアで性暴力に関する特集が組まれることも増えた。**性的同意**について情報発信する人たちも増えている。

2017 年、2023 年の刑法改正　　2017 年に刑法の性犯罪規定が 110 年ぶりに大幅に改正された。それまでも、刑法は性暴力被害の実情に即していないと批判されてきたものの、制定時から大きな改正はなされず、明治時代の社会認識が反映された刑法によって性犯罪が裁かれる時代が長く続いていたのである。

　この改正により、以前は強姦罪の被害者は女性のみであったのが、強制性交等罪と罪名が変更されて男性も被害者として認められるようになり、法定刑が

引き上げられ、監護者性交等罪・監護者わいせつ罪が新設された。また、それまで性犯罪は公訴の提起に告訴が必要な親告罪であり、被害者の負担になっていたのだが、非親告罪化され告訴が不要になった。

　それでも、まだ性犯罪規定には大きな問題が残っていた。性犯罪の成立には「暴行」「脅迫」が要件とされ、その有無の判断のために、被害者が抵抗したかどうかが問われてきた。裁判でも、被害者は抵抗できたはずなのにそれをしなかったと判断され、同意があったという加害者の主張が認められて、無罪になるケースもあった。2023 年の改正では、その要件が改められ、同意のない性的行為は処罰の対象であるということを明示する「不同意性交等罪」「不同意わいせつ罪」に罪名が変更された。他にも、性的な目的で子どもを手なずけて会うように仕向ける「グルーミング」行為を処罰する規定の新設や、性交同意年齢の引き上げなどが行われた。

ワーク 2

　2017 年、2023 年の刑法性犯罪規定の改正は、いずれも、長い間、性暴力被害当事者らが求めていたものである。その内容や今後の課題について、新聞記事のデータベースや法務省のホームページ等で調べてみよう。

性暴力のない社会へ

「痴漢被害に遭いたくなければ女性専用車両を利用すればよい」と言われることがある。女性専用車両は痴漢被害を防止する目的で導入されたものであることを考えれば、そのアドバイスはあながち間違いではない。しかし、痴漢という性暴力は、被害に遭う人たちが対策を強いられ、それ以外の人には無関係な問題なのだろうか。

　電車内の痴漢被害防止目的で運用されている女性専用車両は、一般の車両が女性にとって安全でなく、女性が男性と同様に安全な通勤・通学の機会を奪われている状況に対処するために導入されたものである。電車内が誰にとっても安全な空間であれば必要がなかったものだ。加えて、女性専用車両は根本的な痴漢防止解決策ではなく、男性の痴漢被害も防げない。

　そもそも、女性専用車両があること自体、恥ずかしいことではないだろうか。

痴漢という性暴力が起こっていることは自然なことでもあたりまえなことでもない。めざされるべきは、女性専用車両そのものが必要ない電車、社会なのである。

わたしとジェンダー

　義務教育課程で技術科／家庭科の男女別カリキュラムを経験し、女子は大学に行く必要なんてないと考える大人が珍しくない時代に育った。大人たちから聞かされる「女の子だから」は、黙って従えという意味にしか聞こえなかった。

　そんな中で出会った女性学には、目から鱗が落ちる思いがした。自分が女であることの経験を「問う」ことができるなんて。あたりまえだと思わされてきた価値観を「疑う」ことができるなんて。それが学問になるなんて。

　当時、通っていた大学では女性学を学べる講座がなかったため、図書館に通い詰めて女性学関係の本を読み漁った。勉強をしているという感覚ではまったくなく、ただ、自分が生きるために必要だったからとしかいいようがない。

　紆余曲折を経てジェンダーを研究する立場になった今も、いつも頭の片隅にあるのは、かつての自分とその時の思いである。

キーワード

痴漢

　痴漢行為は犯罪であるものの、痴漢という罪名や手口があるわけではなく、俗称である。一般に連想される、電車やバス等の交通機関の中で人混みに紛れて体を触るもののほか、性器を見せたり精液をかけたりする行為、ショッピングセンターや映画館、路上で行われるもの、その加害者も痴漢と呼ばれる。

性暴力

　望まない性的な言動のこと（内閣府男女共同参画局 2022）。処罰対象となる性犯罪よりも広い概念である。性交をともなったり体に触ったりするような直接的な行為だけでなく、言葉によるものや、裸を見せる、スマートフォンによる盗撮など情報ツールを使用したものも含まれる。職場や学校での被害を指すことが多いセクシュアル・ハラスメントも性暴力である。

性的同意

　すべての性的な行為に対して、お互いが積極的に望んでいるかを確認し合うこと。断れない状態や立場を利用しての行為は同意があったとはいえず、相手が配偶者や交際相手であっても同意が必要である。2023 年の刑法改正では、性犯罪の罪名が「不同意性交等罪」「不同意わいせつ罪」に変更され、同意のない性行為は許されないことが明示された。

ブックガイド

宮﨑浩一・西岡真由美『男性の性暴力被害』集英社新書、2023 年

　「「男性の」と言わないと見えない性暴力被害とは何か」という第 1 章の章題が男性性暴力被害者の置かれている状態を物語る。男性性暴力被害者が抱える困難や、それを生み出している社会構造や性暴力認識を、ジェンダーの問題として考えさせる本。

齋藤梓・大竹裕子編『性暴力被害の実際――被害はどのように起き、どう回復するのか』金剛出版、2020 年

　性暴力被害の実態について、被害者への調査結果や心理学・精神医学的分析がまとめられている。誤った性暴力に関する認識をなくすためにも、性暴力被害者の声に耳を傾けることが必要だ。

牧野雅子『痴漢とはなにか――被害と冤罪をめぐる社会学』エトセトラブックス、2019 年

　性暴力の中でも、痴漢、とりわけ電車の中で体を触る行為に着目して、適用法令や犯罪としての取扱い状況、メディアの中でどのように痴漢が扱われてきたのかを分析したもの。長らく、痴漢が性暴力とは見なされず、娯楽の対象として「消費」されてきた事実から目をそらしてはならない。

第**11**章

災害の被害は平等か？
── DV、避難所、女性防災リーダー

＊本章には性暴力に関する記述があります　　　　　　　　　前川直哉

1 コロナ禍とジェンダー／セクシュアリティ

コロナ禍は平等？　2020年4月、日本政府は新型コロナウイルス感染症（COVID-19）の急激な拡大に対応するため、緊急事態宣言を出した。宣言はその後、何度も出されることとなる。2023年5月に感染法上の分類が5類に移行するまでとしても3年余り続いたコロナ禍は、読者の記憶に新しいことだろう。学校の休校、部活動の大会や修学旅行の中止、リモートワークによる在宅勤務の普及など、コロナ禍は私たちの日常を一変させた。

　世界中で猛威を振るったコロナ禍は、性別を問わずすべての人びとに同様の影響を与えたように見えるかもしれない。だが、本当にそうだろうか。各種データからは、コロナ禍の影響にはジェンダー差があった様子が浮かびあがる。

　2020年4月の緊急事態宣言が出された直後に職を失った女性は74万人で、男性（32万人）の2倍以上に上る（NHK 2020a）。非正規雇用者の女性割合が高いことや、女性が多く働く飲食・宿泊業などがコロナ禍で大きな打撃を受けたことなどが原因と考えられる。また、日本では共働き家庭であっても家事・育児の負担は妻・母である女性に集中しがちなため（第1章・第9章参照）、保育所や学校が休みになったり、リモートワークで家族の在宅時間が長くなったりすると、その分だけ女性の負担が増えた。これらを反映してか、2020年の自殺者数は、男性は減少したのに対し、女性は増加している（厚生労働省 2021）。

　都市封鎖（ロックダウン）や「ステイホーム」の呼びかけの陰では、女性への DV（ドメスティック・バイオレンス）の増加が世界的に大きな問題となった。UN Women（国連女性機関）は事務局長声明で、「女性と女児に対する暴力」を「陰のパンデミック（世界的大流行）」と呼び、家に閉じ込められることで暴力が助長され、被害に遭った女性が助けを求められず孤立する状況に警鐘を鳴らした（UN WOMEN 日本事務所 2020）。

　コロナ禍は性的マイノリティにも特有の困難をもたらした。たとえばトランスジェンダーの中には、さまざまな排除の経験（第 15 章参照）などにより、ふだんから医療機関の受診に消極的な人も少なくない。こうした場合、感染が疑われる状況やワクチンの接種などにも困難が生じる。また、一緒に暮らしていると周囲に伝えていない同性カップルの場合、どちらかが感染すると、同居していること、ひいては自身の性的指向までもが職場などに知られてしまうのではといった恐怖心と背中合わせの時期が長く続いた。

<table>
<tr><td>災害大国で考える
ジェンダー</td><td>　多くの人びとの日常を一変させたコロナ禍も、一種の災害であるといえる。COVID-19 の大流行はいっ</td></tr>
</table>

たん落ち着いたようにみえるが、いつまた別の感染症が猛威を振るうかはまったく予測できない。また、地震・津波・火山の噴火・豪雨などが多発する日本は、世界的にみても災害大国である。

　災害は、すべての人に同様の影響をもたらすのではなく、そこにはジェンダー差が存在する。そしてここまでみてきたように、この差は命の問題にも直結する。本章では、ジェンダーとセクシュアリティが、被害の経験や復興にいかなる差を生み出すのか、2011 年 3 月に発災した東日本大震災（東京電力福島第一原発事故を含む。以下同じ）を中心にみていくことにしよう。

ワーク1

　UN WOMEN 日本事務所の web サイトに掲載されている「女性と女児に対する暴力：陰のパンデミック（世界的大流行）–仮訳」（巻末資料）を読み、このような緊急の呼びかけがなぜ必要だったかを考えてみよう。

2　東日本大震災にみる災害とジェンダー

災害は弱い立場の人を直撃する　2011 年 3 月 11 日、三陸沖を震源とする東北地方太平洋沖地震が起きた。マグニチュード 9.0 の地震は多くの建物を壊滅させ、巨大津波はたくさんの命を奪った。首都圏などに電気を供給していた東京電力福島第一原子力発電所では水素爆発が起こり、大量の放射性物質が放出される大事故となり、福島県では最大 16 万人以上（2012 年 5 月）の住民が避難を余儀なくされた（福島県 2024a）。原発事故により今なお多くの人が避難生活を強いられており、事故を起こした原発の廃炉作業も先を見通せない。

　一命をとりとめても、震災や避難により職を失った人はおおぜいいた。とくに、非正規雇用者の割合が高い女性は大きな影響を受けた。震災で保育所や介護サービスが休業し、家族のケアのため仕事に行けなくなった女性も多数いた。また日本は賃金のジェンダー差が大きく、女性の経済的自立が難しいため、震災にともなう死別や離婚を経験した女性、とりわけシングル・マザーは経済的困難に直面することとなった。

　原発事故で放射線への不安から子どもを避難させる場合、日本では子育ての責任が母親に集中するため、父は仕事のある福島に残り、母が子を連れて遠く県外などに避難する、いわゆる母子避難となるケースが多かった。見知らぬ地域での不安な日々の重圧は、母親に集中したのである。

　これらの背景には、就労や賃金、介護・子育てなど、平時から存在しているジェンダーの不均衡、女性差別の問題が存在している（浅野・天童編 2021）。もちろん災害では男性も被害に遭い、また男性特有の大変さもある。だが、もともと構造的に弱い立場に置かれている女性が、災害により平時以上に脆弱性を増したのも事実である。前節でみたコロナ禍の問題と同様、災害は弱い立場の人を直撃するといえるだろう。

避難所と DV・性暴力　災害で家を失ったり、避難を強いられたりしたときに行くのが**避難所**である。東日本大震災では地震と津

波により多くの家屋が損壊したことに加え、原発事故にともなう大規模な住民避難があり、避難所で長期間過ごすことを余儀なくされた人がおおぜいいた。

東日本大震災では避難所が男性リーダーによって運営されていることが多く、女性が困難な状況にあってもなかなか声をあげられない事例がみられた。また、「男性は力仕事、女性は炊き出し」のように、既存のジェンダー規範に沿った性別役割分業が多くの避難所で存在していた。

避難所や仮設住宅を含む被災後の暮らしでは、DV や性暴力（⇨第10章キーワード）も大きな問題となる。災害でストレスをためた夫による DV の増加や、避難所・仮設住宅で性暴力に遭ったという声はあとを絶たない。無料電話相談「よりそいホットライン」で、2013 年から 2018 年の 5 年間に女性専用ラインに寄せられた相談 36 万件余りの内容を分析したところ、岩手・宮城・福島の被災三県からの相談の 5 割以上が性暴力被害に関する内容であったという（NHK 2020b）。

DV や性暴力は、男性が加害者、女性が被害者となるケースが圧倒的に多い（第10章参照）。災害で逃げ場をなくし、泣き寝入りするしかなかった女性も多かったと考えられている。1995 年の阪神・淡路大震災の翌年、性暴力反対の集会やデモ行進が行われたが、実態把握が進んでいなかったこともあり、「震災時の性暴力はデマ」というバッシングにさらされることとなった（NHK 2020b）。

東日本大震災後には日本で初めて、災害後の性暴力被害の実態調査が行われ、避難所や仮設住宅などでの性暴力の存在が明らかになった（東日本大震災女性支援ネットワーク 2015）。調査では、「対価型（見返り要求型）・地位利用型の暴力」と呼ばれる、物資や住まいの供給と引き換えに性的な関係を要求される被害なども報告された。経済基盤の弱い女性が DV や性暴力の被害に遭いやすいという平時からの問題が、災害によって増幅されていたのである。

災害と男性の孤立

平時から、孤独死は男性が多いことが知られている。自宅と職場の往復ばかりになりがちな男性は、女性に比べて自分が暮らす街での地域コミュニティに参画しにくい。「自分の街に居場所や友だちが少ない」ことが、孤独死が多い要因のひとつであると考えられ

る。

　災害後、仮設住宅や復興公営住宅で暮らす場合も、同様の問題が起こりうる。仮設住宅や復興公営住宅でイベントやお茶会をしても、参加するのは女性ばかりで男性は引きこもりがちだ、という声は各地で聞かれる。

　復興とジェンダー　　東日本大震災後の復興についても、ジェンダーの視点から検証する必要がある。図11-1は原発事故で大きな影響を受けた福島県南相馬市の年齢・男女別人口だが、幅広い年代で女性の人口が少ない。この背景には、2000年代以降、女性の都市集中が進んでいるという全国的な課題もあるが、それだけではない。原発事故後、先に述べた母子避難などの結果、とくに女性人口の多くが流出したこと、そして震災後に新たにこの地で就労する人の多くが男性であることが大きな原因となっている。

　政府は原発事故からの復興のため、この地域で新たな産業創出をめざす国家プロジェクト「福島イノベーション・コースト構想」の推進を掲げているが、そこで重視されているのは廃炉、ロボット・ドローン、エネルギーなど、従来男性の技術者・研究者が多かった分野が目立つ。防災や避難所運営にジェンダーの視点が欠かせないのと同様、災害後の復興もまた「男の復興」となって

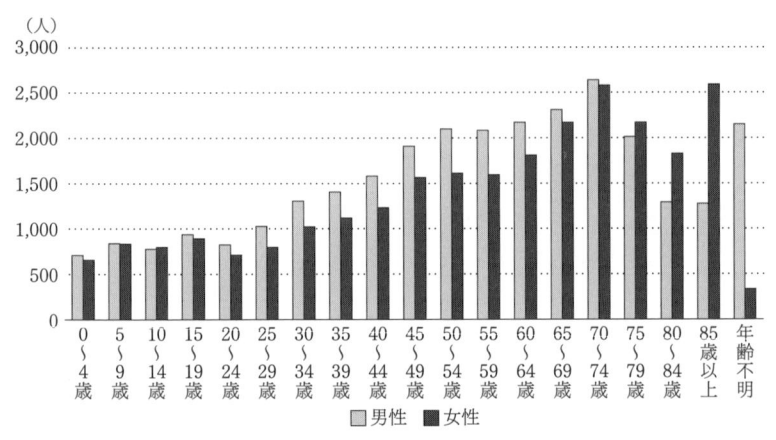

図11-1　福島県南相馬市の現住人口（2024年9月）
（福島県（2024b）より筆者作成）

しまわないよう、注視する必要があるだろう。

3 東日本大震災にみる災害と性的マイノリティ

性的マイノリティの被災　東日本大震災後には東北地方の性的マイノリティ団体の手によって、性的マイノリティの被災状況に関する実態調査や、多様な性のあり方をふまえた防災ガイドブックの作成などが行われた。

　災害時における性的マイノリティの困難というと、「避難所でのトイレ利用」や「同性パートナーとの仮設住宅入居」などが阻まれたのでは、と想像しがちである。だが上記のような活動に携わった山下梓は、東日本大震災時に実際に存在したのはこうした想像しやすい困難というよりは、「それ以前の困難」だったと指摘する（杉浦・前川 2022）。たとえば、自分がトランスジェンダーであると誰にも伝えていない被災者が困難に直面しても、その困難は周囲の人に知られないままであり、必要な支援を得ることはできない。つまり、「周囲に言えない」ことが一番の困難なのだが、その困難は周囲から認識されづらいのだ。

カミングアウトを求めない被災者支援へ　性的マイノリティ当事者への聞き取り調査を行った内田有美も、「避難所には行かない。自分にとっては安全な場所じゃない」「男女で分かれているから」といった声を聞いており、東日本大震災時にそもそも避難所に行った性的マイノリティが少なかったのではないかと指摘する（杉浦・前川 2022）。多様な性への社会全体の理解が不足していることで、命を守るための避難所へのアクセスが阻害されている現状があるといえる。

　近年は防災関係者の中でも多様な性への理解が広がりつつある。だが山下は、被災した性的マイノリティに対する「申し出てもらえれば対応します」といった支援のあり方は、結局はカミングアウトを求めることを意味していると指摘する（山下 2023）。カミングアウトは平時においても容易でないと感じている当事者は多く（第3章参照）、まして混乱を極める災害時においてはより難しい。むしろ必要なのは、カミングアウトしても、しなくても、安心して過ごせる避

難所の存在であり、多様な性の視点を取り入れた平時からの備えである。

ワーク2

　ジェンダーやセクシュアリティの観点も含め、すべての人が安心して過ごせる避難所とは、どのような空間だろうか。必要な物資やルールをいくつでも書き出してみよう。また、避難所のレイアウトも考えてみよう。

4　これからの防災に必要なこと

認識の高まりと対策

　ここまで、ジェンダーやセクシュアリティをめぐる災害時の課題についてみてきた。

　もちろん、対策がまったく取られていなかったわけではない。それまでの教訓をふまえ、東日本大震災発災後の 2011 年 3 月 16 日、内閣府男女共同参画局は「女性や子育てのニーズを踏まえた災害対応について」を出し、「女性や子育てに配慮した避難所の設計」などに加え「女性に対する暴力を防ぐための措置」を呼びかけた（内閣府男女共同参画局 2011）。DV や性暴力についても、相談ダイヤルが設置されたほか、福島県郡山市のビッグパレットふくしま避難所で「女性専用スペース」が設けられるなど、女性が安心して過ごせるための対策も取られた。

　最近では、災害後には DV や性暴力のリスクが高まるという認識は広く共有されるようになりつつあり、避難所に性暴力抑止ポスターが掲示されることも増えてきている。また性的マイノリティに関しても、防災関係者を対象とする研修などが行われるようになった。

残る理解不足

　ただし、防災や避難所運営にジェンダーの視点が十分に活かされていないと痛感する場面も多い。たとえば 2024 年元日に起きた能登半島地震でも、避難所運営にかかわる男性の理解不足により、生理用品が適切に配布されなかったケースが報告されている。中には生理用ナプキンについて「1 年に 12 枚あれば、それでいいんだろう」と、

男性が誤解していたケースもあったという（MBS 2024）。

　「能登半島地震で女性たちがどのような困難を経験したのか、またどのように乗り越えているのか」を調査した報告書では、地域の女性たちへのヒアリング調査をもとに、女性の意思決定への参画のしにくさや、女性の健康・安全・尊厳、被災地における無償ケア労働など、災害時のジェンダーにかかわるさまざまな課題があげられている（フラはなの会ほか 2024）。

多様な視点と女性リーダーの必要性　これまでの教訓を活かし、ジェンダーやセクシュアリティの視点を取り入れた防災を広げていくためには、何が必要なのだろうか。

　まずは、すでに多くの報告書などで蓄積された災害とジェンダー／セクシュアリティに関する知見を活かし、防災計画を策定する際に多様な視点を入れることが必要である。また組織において、リーダー(意思決定者)がシスジェンダーの異性愛男性ばかりだと、女性や性的マイノリティにかかわる課題は「後回し」になりがちだ。災害については、**女性防災リーダー**を多く育成することもまた、不可欠である。

　災害大国である日本に住むすべての人にとって、本章で扱ったテーマは決して他人事ではない。ジェンダー／セクシュアリティの視点から災害に備える際に重要なのは、ジェンダー平等に向けた平時からの変革と、災害時に真っ先に「弱い立場にある人」を守ることだといえよう。

> ### グループワーク
>
> 　地域防災計画をみてみよう。自分の住む町や出身地、学校所在地など身近な市町村の地域防災計画をインターネットで調べ、ジェンダーやセクシュアリティの視点がどこまで取り入れられているか、グループのメンバーで比較してみよう。

わたしと災害とジェンダー

　私は 1995 年の阪神・淡路大震災の被災者である。高校 3 年生、センター試験（大学入学共通テストの前身）の 2 日後だった。多くの方のおかげで大学に進み、やがて母校である神戸の中高一貫校の教員となった。

　2011 年の東日本大震災と原発事故の後、生徒とともに繰り返し福島・宮城の被災地を訪れた。首都圏に電力を供給していた原発は、事故により福島に多くの災いをもたらした。それは「中心」と「周縁」の非対称な関係性を白日の下にさらす出来事だった。

　2014 年、私は福島に転居した。詳細は「マジョリティだったり、マイノリティだったりする私」と題して別に書いたが（前川 2022）、ジェンダーやセクシュアリティをめぐる「中心」と「周縁」について考えることと、福島に行くことは、私の中では自然につながっていた。

　福島で出会った仲間とともに、多様性について考える市民団体を立ち上げた。原発事故後の差別や住民同士の分断など、つらい経験をした福島だからこそ、互いの違いを歓迎できる地にしたいと考えている。

DV（ドメスティック・バイオレンス）

配偶者や恋人など、親密な関係にある者（または、あった者）から振るわれる暴力。本文の通り男性が加害者、女性が被害者となるケースが圧倒的に多いが、逆のケースや同性間の DV も存在する。殴る、蹴るなどの身体的暴力だけではなく、精神的な暴力、言葉による暴力、性的な暴力（性暴力）、経済的暴力などがある。伊田広行は相手の「安全・自信・自由・成長」を奪うことが DV だと提唱している（伊田 2018）。

避難所

災害後に自宅を失った人や自宅に戻れない人などが一時的に共同生活を送る場所。本文でも触れた「女性や子育てのニーズを踏まえた災害対応について」では、避難所で生理用品やおむつ・粉ミルクなどを提供すること、プライバシーを確保できる仕切りの工夫や男性の目線が気にならない更衣室・授乳室、入浴設備など、女性や子育てに配慮した避難所の設計などを求めている（内閣府男女共同参画局 2011）。

女性防災リーダー

避難所運営などの意思決定者が男性に偏っていたことへの反省から、専門的な知識を学んだ女性防災リーダーの育成が各地で進められている。たとえば NPO 法人イコールネット仙台は継続的に女性防災リーダー養成講座を開催し、専門知識を備えた女性防災リーダーを 2013 年から 3 年間で 100 人以上誕生させた。

Nursing Today ブックレット編集部編『災害と性暴力──性被害をなかったことにしない、させないために。』日本看護協会出版会、2023 年

東日本大震災時の性暴力の実態のほか、小川たまか「災害とメディア──なぜ阪神・淡路大震災で性暴力被害はデマとされたのか」、草柳和之「被災状況下でも、なぜ人は性的加害を行うのか」など、災害と性暴力について多角的に考察する一冊。

浅野富美枝・天童睦子編『災害女性学をつくる』生活思想社、2021 年

災害のたび女性が直面する問題の解決につながる「災害女性学」が必要だとの思いで編まれた一冊。東日本大震災や熊本地震（2016 年）などで実際に支援の現場にかかわっていた著者も多く参加しており、具体的事例に富むのが大きな特徴。

相川祐里奈『避難弱者──あの日、福島原発間近の老人ホームで何が起きたのか？』東洋経済新報社、2013 年

原発の近くにも多くの高齢者福祉施設があり、自力では避難できない人がたくさんいた。ジェンダーに関する本ではないが、「災害は弱い立場の人を直撃する」という言葉の意味や、原発事故の多大な被害について考えるうえでぜひ読んでほしいルポルタージュ。

第12章

ネットでフェミニズムは変わったか？
―― フェミニズム、ハッシュタグ・アクティヴィズム、
クラフティヴィズム

*本章には性暴力に関する記述があります　　　　　　　井口裕紀子

1 フェミニズムって何？

SNSで広がる運動

「**フェミニズム**」と聞くと、どんなイメージをもつだろうか。おそらくこの言葉にネガティブな感情を抱く人は少なくないのではないかと思う。

　その理由は、筆者自身、フェミニズムが男性嫌い、攻撃的、感情的で話が通じないといった否定的な意味で使われているのをよく見聞きするからだ。とくに、ネットの世界ではフェミニズムを語る人は厄介者のような扱いを受け、バッシングの的にもなりがちである。しかし、以上のようなイメージは、はたして本当のフェミニズムの姿なのだろうか。

ワーク1

　あなたがもつフェミニズムのイメージ、またそのようにイメージした理由について書いてみよう。

　フェミニズムは女性のみならず、あらゆるジェンダー、セクシュアリティ、人種、民族、障害、階級の人びとの人権獲得をめざすための運動を意味する。そのため、前述したようなネガティブなイメージは偏見であり、フェミニズムが本来もっている意味とは異なる。たとえば、「男性嫌い」といったように、フェミニズムは男性と対立関係にあるように語られることが多いが、実際のと

ころは男女といった既存の枠組みに囚われず、幅広い視点から平等な社会をつくりだそうとしている。

そして、近年フェミニズムはより広範囲で多様な人びとと協働するために、SNS を中心とした運動を次つぎと展開している。たとえば、「#MeToo」は現在も日本で話題となっているが、SNS を使ったセクシュアル・ハラスメントを含む性暴力（⇒第 10 章キーワード）に関する告発によって、今まで見過ごされてきたこれらの問題に関する議論を社会に引き起こしている。

本章では現在のフェミニズムにおけるネットの重要性を考慮し、多くの運動が今現在も誕生しているアメリカにおいて「ネットはフェミニズムを変えたか」をテーマに、どのように運動を展開し、いかに多様な人びとの協働を可能にしているかについて考えていきたい。

| フェミニズムの歴史 |

フェミニズムの歴史は 19 世紀半ばから今日まで、大きく 3 つの「波」に分けて語られてきた。

まずは、19 世紀半ばから 20 世紀にかけて、イギリスやアメリカといった欧米を中心に女性の参政権、相続権、財産権といった政治的領域や法における男女平等を求めた第 1 波フェミニズムである。

次に、1960 年代から台頭したのは、第 2 波フェミニズムである。このフェミニズムは、日本においても非常に盛んな運動となり、「個人的なことは政治的なこと」というスローガンのもとに、主婦や母親といった性役割の押しつけに代表されるような、男性を主体とした社会制度である家父長制が生み出す差別、不平等への批判と、働く権利をはじめとする社会的・政治的な領域への女性進出をめざすものであった。第 2 波フェミニズムが扱ったこれらの問題や課題はいまだに解決されていないものが多く、今日のフェミニズムにおいても運動のテーマとして引き継がれていることが特徴である。

そして、1990 年代から台頭した第 3 波フェミニズムでは政治や社会への女性進出がある程度達成されたため、ポピュラーカルチャーやサブカルチャーといった文化的領域における問題に焦点を当てた運動がつくられていくようになる。このフェミニズムにおいてとくに重要なのは、「インターセクショナリティ」という概念が誕生したことにあった。ジェンダー研究者の K. クレン

ショーが提唱したこの概念は、差別や暴力といった問題はひとつの要因から形成されず、多様な要因が複合的に交差するなかで形成されると考えるものである（Crenshaw 1997）。

　つまり、第3波以前のフェミニズムの問題は、本来は多様な存在である人びとを「女性」というカテゴリーに集約し、共通の差別や不平等を経験しているという前提をつくっていたことにあった。しかし、第3波フェミニズムではこの前提を批判し、多様な人びとを一様に捉えるのではなく、個々人の存在と経験を重視すべきだと説いたのだ。その結果、第3波フェミニズムは個人主義や多様性を尊重することを重要とし、フェミニズムはあらゆる人の自由と権利を主張する運動へと変化していった。

2　フェミニズムとインターネット

ハッシュタグで広がる
フェミニズム

　では、ネットとフェミニズムのつながりはいつから始まったのだろうか。それはまさに、第3波フェミニズムのときからであり、当時社会で普及しはじめたインターネットを利用して、数々の運動が誕生した。たとえば、その運動のひとつには、アメリカのシアトルで活躍したパンクロック・グループ「ライオット・ガール」とファンによる運動がある。この運動では、差別や暴力の撤廃と政治的、社会的、経済的な権利向上を訴えるため、手作りのジン（Zine）と呼ばれる小冊子や、ホームページ、ブログ、オンライン掲示板といったオンライン空間に、これらの問題について語り合い、抗議する場をつくりだした（ピープマイヤー 2011）。

　しかし、近年はインターネット技術の進化により、以上の空間に加えて、SNSが運動の新たなアプローチ方法として、多くの運動で利用されるようになっている。中でも、SNS特有の機能である「ハッシュタグ」は、個人による意見発信や情報収集、同じような経験や関心をもつ他者との意見交換や議論といった活動を活発化させている。ハッシュタグについて簡単に紹介すると、個人が発信する情報のキーワードやテーマを分類する機能であり、自分が関心をもつ情報の検索も可能にするものである。そして、SNSを活用した運動では、このハッシュタグを用いることで、**ハッシュタグ・アクティヴィズム**を展開し

ている。

　フェミニズムにおけるハッシュタグ・アクティヴィズムとしてよく知られているものは、冒頭で紹介した #MeToo がまさにそうだ。この運動は、ハリウッドの有名プロデューサーが起こしたたび重なる性暴力事件について、複数の被害者が SNS で告発したことがきっかけとなり話題となった。運動名である #MeToo を日本語では「私も」と訳すように、ハッシュタグを通して SNS に流れてくる個人のセクハラや暴力に関する訴えが、「私も（被害者だ）」「私も（同じ経験をした）」と、人から人へと連鎖していくことが、このハッシュタグ・アクティヴィズムの特徴だ。当初、#MeToo はアメリカで始まった運動であったが、今やヨーロッパやアジア、中東にも派生し、各国でセクハラや性暴力に関する議論を生み出す世界的な運動へと成長している。

　　　　　　　　　　　　　　　#MeToo が台頭したのは 2017 年であったが、この
　　ウィメンズマーチ　　　　　年はフェミニズムにおいてもうひとつ大規模で世界的
な運動が誕生した年であった。それが「ウィメンズマーチ」である。ウィメンズマーチは、当時アメリカ大統領に選出された D. トランプがその就任式を終えた翌日の 2017 年 1 月 21 日に開催された。そして、この運動はインターセクショナリティをスローガンに掲げ、性別、セクシュアリティ、人種、民族、障害、宗教や階級による差別問題に加え、医療や移民政策といった時事問題など多岐にわたる問題に取り組み、デモ行進や集会を通してすべての人の人権と平等を訴えるものであった。

　この運動の発足は、2016 年 11 月にトランプが大統領に選出されたことを受けて、ハワイに暮らす元弁護士 T. シュークがフェイスブック上に、トランプに対する抗議運動を提案したことがきっかけであった。シュークが運動の提案をした日には、賛同者が 40 人ほどしかいない状況であったが、その投稿が拡散されたことと、同時期にシューク以外にも同様の運動を提案していた者がいたことで、SNS を中心に人の輪がどんどんと広がっていった。その結果、ウィメンズマーチは 2017 年の運動において、ワシントン D. C. で約 50 万人がデモ行進をするだけでなく、アメリカ各地また世界各国でウィメンズマーチが展開されるほどに成長した（The New York Times 2017）。

| 新たな波の到来 |

#MeToo やウィメンズマーチが SNS をきっかけとして展開されたことからもわかるように、現代のフェミニズムはもはや SNS がもつ力の重要性を無視して語ることは難しくなっているといえよう。そのような点から、近年は第 3 波フェミニズムに続く、新たなフェミニズムの波として「第 4 波フェミニズム」が到来したと考えられるようになっている。

　第 4 波フェミニズムは SNS との結びつきの中で、特定のグループには所属せずとも個人が運動を生み出すことや、参加することを可能にしている。そして、多様な個人が SNS を使って、みずからの日常において経験する問題を発信することで、主体性、能動性、創造性をもって運動に携わることも特徴だ。

　とくに、#MeToo が取り組むセクハラや性暴力といった問題は、被害を打ち明けることの苦痛や、二次加害を生み出す社会構造などにより、被害者はどんなに深刻なことでも沈黙せざるをえない状況下にいた。しかし、SNS はこれらの問題をときに匿名で、瞬時に告発する機会を人びとに与え、ハッシュタグを通した情報の拡散、共有によって同じような経験をもつ他者との対話や協働も可能にしている。そのような動きの中で、これまで沈黙してきた問題に対して「声をあげる」という人びとの活動が広がった（Munro 2013）。SNS 上に発信された人びとの声はまさに、日常や社会にはびこる問題の深刻さを伝えるとともに、個々の発信を集団的な記憶と政治的な力をもつアーカイブへと変化させ、社会変革をもたらす力をもっているのだ。

　また、第 4 波フェミニズムにおいて重要なことは、第 3 波フェミニズムから誕生したインターセクショナリティによって「みながひとつではない」という考えを尊重し、従来のカテゴリーや枠組みを超えた協働を生み出すことにもある。たとえば、ウィメンズマーチは前述したように、もともとはトランプに対する抗議を目的とした運動であった。しかし、運動の組織において多様なバックグラウンドや問題意識をもつ個人や団体がつながりをもっていく中で、最終的には、あらゆるジェンダー、セクシュアリティ、人種、民族、障害、階級のための人権獲得と平等をめざす運動へと変わっている。

3 原動力はネットの力だけか

プシーハットと
クラフティヴィズムここまでは、ネットが現代のフェミニズムに与える力について言及してきたが、はたして現代のフェミニズムにはネットの力があれば十分なのだろうか。

この疑問について考えるため、まずは 1 枚の写真を見ていただきたい。図 12-1 は、2017 年にワシントン D. C. で開催されたウィメンズマーチの様子を写したものだが、参加者が同じ帽子をかぶっている様子が見受けられる。この帽子は「プシーハット」という猫耳がついたピンク色の帽子だ。「プシー(pussy)」とは子猫を意味する言葉であるが、女性器を意味するスラング（俗語）でもあり、前者は帽子の形に、後者はピンクという色に表現されているのが特徴だ。そして、この帽子は既製品として参加者に配られたものではなく、多くの場合は参加者みずからが編んだり、縫ったりして制作したものである。

ウィメンズマーチが大きな運動へと拡大した背景には、もちろん SNS の力があるが、この力とともに重要だったのはプシーハットのような**クラフティヴィズム**が生み出す力にあった。クラフティヴィズムは歴史的にフェミニズムと強いつながりのある運動形態である（Bratich & Brush 2011）。編み物や縫い物といったクラフトを使う理由は、これらが歴史的に女性の趣味や手仕事として扱われており、女性的、家庭的、伝統的といったイメージの定着により社会的にも文化的にも過小評価される傾向にあったためだ。そのため、フェミニズムではクラフトこそ女性が抱える問題を表象していると考え、これらの偏見や価値観を変えるとともに、あえてクラフトを使った社会運動も展開している。

また、創意工夫によって個性

図 12-1　ウィメンズマーチでプシーハットをかぶる参加者（Huffpost 2017）

を生かすことのできるクラフトは、「自分らしさ」を尊重するフェミニズムの思想とも結びつき、自己表現や創造性を用いた意見発信のためのツールとしても重要視されている。

　たとえば、プシーハットが生まれたきっかけには、トランプによる「プシーをつかめば、女性を簡単に手なづけられる」という発言があった。この発言は非常に女性蔑視的なものであるが、プシーハットの主催者たちはあえて「プシー」という言葉がもつネガティブなイメージを武器にして、「自分のからだは自分のもの」というメッセージを発信しようとした。そのため、プシーハットはメッセージの通り、参加者それぞれが制作することにより、独自の個性や意思を帽子に表現することが非常に重要であり、実際に運動当日に多くの人がこの帽子を着用したことで、ウィメンズマーチを印象づける存在にもなった。

オフラインだって重要だ　　当初、プシーハットの制作は SNS を中心に広まり、主催者はどんな人でもこの帽子を制作できるように、技術やコスト、制作時間の違いを配慮したうえで、棒針編み、かぎ針編み、縫い物といった複数の制作方法をイラストや動画にしてホームページや SNS に公開した。しかし、そのようなオンライン空間における普及活動のみならず、主催者はアメリカ各地にある手芸店と提携することで、プシーハットの制作のための教室を開き、帽子を作りたいと思っている人が実際にお店を訪れ、オリジナルの作品を制作するために、専門家に相談したりアドバイスを受けたりすることも可能にした。

　ここで何よりも重要なことは、人びとが実際に手芸店を訪れることで、オンライン上のつながりだけではなく、オフラインかつ対面的な場で他の参加者とのつながりをもつことができたことにある。手芸店は、編み物に関する技術交換の場として機能するだけではなく、一緒にプシーハットを作るという身体的な経験や会話から、楽しさや政治・社会問題への関心、そしてウィメンズマーチへの原動力をつくりだす重要な場所であった。

　もちろん SNS での協働も原動力を生み出す要素のひとつではあるのだが、インターネットは流動的で瞬間的、うつろいやすく、時にはつい先ほどまで交流していた相手やコミュニティが突然、ネット上から消えてしまう可能性も

もっている。そのような点からも、クラフティヴィズムは SNS がもつ欠点を補い、身体的な活動や対面的な交流を通して運動に対する人びとの意識やモチベーションを高める力をもっている。そのため、現代のフェミニズムではこの2つの力が連動し、相互に作用し合うことが、多様なバックグラウンドや問題意識をもつ人びとを巻き込み、持続的な社会運動を生み出すために必要だと考える。

ワーク2

　運動のオーガナイザーとなり、本書が取り扱うさまざまなジェンダーの問題から自分がもっとも関心をもつテーマを選び、実際に運動を考えてみよう。運動への参加を呼びかけるためにどのようなハッシュタグを使うか、どのようなクラフトを使って運動を展開するかを考案し、それぞれの理由も書いてみよう。

4　フェミニズムは誰のものか

　本章のタイトルである「ネットでフェミニズムは変わったか？」という疑問について考えたとき、その答えは「YES」である。しかし、現代のフェミニズムは従来から続く課題をいまだ抱えた状態であり、ネットによって新たにもたらされた課題があることも最後に述べておきたい。

　まず、現代のフェミニズムはインターセクショナリティを前提に、多様な人びととの協働をめざしているが、実際のところは誰もが満足できるほどにこの目標を達成することが難しいのも事実である。たとえば、ウィメンズマーチ自体の運動は現在も続いているが、参加者一人ひとりが多様な考えや目標をもっているがために、互いに異なる意見をもつことによっての対立や、自分の問題意識を優先するがゆえに他者の存在を排除してしまうことも多く、運動内部では分裂がたびたび起きている。

　さらに、現代のフェミニズムは SNS との結びつきによって生まれた新たな格差の問題を抱えている。たとえば、SNS で繰り広げられるフェミニズムは

ネット環境に恵まれているからこそ参加できるものであり、ネット環境、接続するデバイス（スマホや PC）、ネットに関するリテラシーをもたない人はそもそも運動に参加すること自体できないのが現実だ。

　また、ネットは同じような意見や思想をもつ人を囲い込み、異なる意見をもつ人に対する差別発言や攻撃をしやすくするといった問題も抱えている。この問題は冒頭でも少し述べたようなフェミニズムへの偏見を助長しており、たとえ平等や人権尊重を求めていても、フェミニズムを否定してしまうような環境を生み出している。

　このように、ネットとのつながりがあってもなくても、克服が難しい問題や課題が多くある。しかし、これまでの歴史の中で、フェミニズムはさまざまな批判を受けながらも、つねに「フェミニズムは誰のものか」という点に立ち戻り、運動を展開しつづけてきた。そのような点からも今後フェミニズムがどのようにこれらの課題を乗り越えていくのかに注目だ。

グループワーク

【ワーク2】で考案した各自の運動をグループで発表し合い、それぞれに気づいたことを話し合ってみよう。

わたしとジェンダー

　私がジェンダー研究と出会ったのは『お姫様とジェンダー——アニメで学ぶ男と女のジェンダー学入門』(若桑みどり著、ちくま新書) という本がきっかけであった。この本は入門書としてディズニー作品に隠されたジェンダー規範を読み解く内容で、親しみのある題材に面白さを感じつつ、「わかる」という言葉を何度も心の中で叫びながら読み進めたことを覚えている。そのとき感じた「わかる」は、自分の日常にあふれる「あたりまえ」に対して抱いていた違和感がようやく言語化されたという感覚だ。

　ジェンダー研究の魅力は、まさに世の中にある「あたりまえ」に対して疑問をもつ力を与えることにあると思う。「あたりまえ」は自分の大切な人を傷つけるものであり、自分の可能性を制限してしまうものかもしれない。ぜひジェンダー研究に触れていただき、あなたやあなたの大切な人がより生きやすい社会をつくるためのきっかけを得ていただければと願うばかりだ。

キーワード

フェミニズム

　　フェミニズムは、政治・社会・文化に蔓延する性差別や不平等の撤廃を目標とした運動および思想である。その歴史において、女性の権利や自由を求める運動を多く展開してきたため、女性だけのための運動と考えられがちである。しかし、現在は女性に限られたものではなく、あらゆる人が抑圧や差別を受けることのない社会をめざすものとなっている。

ハッシュタグ・アクティヴィズム

　　SNS 上で社会的、政治的問題に関連するハッシュタグ（＝テーマ）を人びとが共有し、意見交換や議論を行うことにより展開する社会運動である。有名なものとしては、アメリカでは黒人に対する人種差別撤廃を訴える「#BlackLivesMatter」、日本では女性のハイヒール着用義務に対する抗議「#KuToo」や、待機児童問題を批判した「# 保育園落ちた日本死ね」などがある。

クラフティヴィズム

　　クラフトを使った運動の活動家で、作家でもある B. グリールによって提唱されたこの概念は、「クラフト」と「アクティヴィズム」の二語が組み合わさって生まれた言葉であり、クラフトを使った社会的・政治的変化をもたらすための運動を意味する。クラフティヴィズムに重要なのは、創造力を通して自分の中にある意見や心からの気持ちを表明すること、そして正義を探求することにある（Greer (ed.) 2014）。

ブックガイド

清水晶子『フェミニズムってなんですか？』文春新書、2022 年

　　フェミニズムは何かという疑問をもとに、その歴史、考え方、内容や問題について論じた本である。フェミニズムに関する知識がない人でも身近にあるさまざまな話題からわかりやすく解説しているため、入門書としてぜひ読んでほしい一冊である。

井口裕紀子『SNS フェミニズム——現代アメリカの最前線』人文書院、2022 年

　　SNS を中心に広がる現代のフェミニズムについて、実際にアメリカで活動する 300 グループの調査をもとに考察した本である。現代社会を動かす運動は SNS からどのように生まれ、何を訴え、今どのようになっているかについて理解することができる。

カンター、J.／トゥーイー、M.『その名を暴け——#MeToo に火をつけたジャーナリストたちの闘い』古屋美登里訳、新潮文庫、2022 年

　　#MeToo が始まるきっかけとなったハリウッドの有名プロデューサーによる事件を報道するまでの裏側、そして #MeToo が広がった背景には何があったかを描いたノンフィクションである。現代のフェミニズムが取り組むセクハラや性暴力の現状、また #MeToo が今の社会に何をもたらしたのかを理解することができる一冊である。

第IV部

インターセクショナリティの視点で考える

第**13**章

ケア役割は誰のもの？
── フェミニスト障害学、優生思想、自立生活

飯野由里子

1　異なる経験を捉える

私たちの間にあるもの　　私たちの間には多様な違いが存在し、これらの違いには権力関係が含まれている。この権力関係は、本来なら平等な存在であるべき人びとの間に、有利な立場と不利な立場、支配する側と支配される側の関係を生み出す。重要なことに、このような権力関係は、たとえばジェンダーといった単一の要因だけで形成されるものではない。ジェンダーによる違いは、実際には、人種、エスニシティ、国籍、年齢、性的指向・性自認、障害の有無などの他の社会的カテゴリーにもとづく違いと相互に結びつきながら、複雑な権力関係をつくりだしている。そのため「女性」というひとつの属性によって、すべての人が同じ社会的位置に置かれるわけでも、同じ経験を共有するわけでもない。

　したがって、「女性」という社会的カテゴリーに属しているからといって、つねに社会的に不利な立場に置かれるとは限らない。たとえば、あなたが「異性愛」の女性や「日本国籍をもった」女性、あるいは「障害のない」女性であれば、非異性愛の女性や外国籍の女性、障害のある女性が経験せざるをえない不利な状況を回避できている可能性が高い。このため、文脈や関係性によっては、あなたが有利な立場に立つこともある。権力関係は、一定の形でも不変のものでもなく、文脈や関係性に応じて変化していくものなのだ。この事実を認識していないと、差別や抑圧、不平等の原因を単純化してしまい、結果として

社会構造の中でより不利な立場に置かれている人たちが直面する問題を見落としてしまうおそれがある。

障害女性の経験とインターセクショナリティ　こうした単純化を避けるために、ジェンダー研究で重要視されているのがインターセクショナリティだ。インターセクショナリティは、社会の複雑な仕組みを捉えるための枠組みのひとつとして、ブラック・フェミニスト（黒人のフェミニスト）など、人種やエスニシティにおいてマイノリティの社会的位置に置かれたフェミニストたちの運動の中で発展してきた（Combahee River Collective 1977；Crenshaw 1989）。

　その核には、マイノリティ女性の抑圧経験が、マジョリティ女性やマイノリティ男性のそれとは質的に異なるという認識がある。ここで言う「抑圧」には、他者化・スティグマ化（特定の個人や集団に否定的なレッテルを貼り、不当な扱いや差別を生むこと）、社会のメインストリームからの隔離や周縁化、低い社会的地位への固定、組織的・構造的な暴力にさらされることなど、多様な現象が含まれる（ヤング 2020）。

　日本でも、とくにマイノリティ女性は、社会をインターセクショナリティの視点で捉え、みずからの声をあげてきた。本章では、その一例として、障害のある女性の抑圧経験に焦点を当てる。なぜなら、障害のある女性は「女性」と「障害者」という2つの社会的カテゴリーが交差する位置に置かれることで、障害のない女性や障害のある男性とは質的に異なる抑圧経験をしてきたからだ。もちろん、障害のある女性の抑圧経験は多様だが、本章ではとくにケア（⇨第9章キーワード）に関連した経験を取り上げ、「女性であること」と「障害者であること」が同時に重なる立場から見える社会の仕組みについて考察する。

ワーク1

　過去3日間を振り返り、日常生活で遭遇した多様性（文化や言語の違い、食事や服装などの慣習の違い、考え方の違い）を書き出してみよう。また、多様性と遭遇したことで、自分の中にどのような感情や気づきが生じたか考察してみよう。

2 ケアすることを期待されているのは誰か？

ジェンダー研究が
見落としてきたもの

　ジェンダー研究者がケアを議論するとき、多くの場合、その焦点はケアを「担う側」の視点に置かれてきた。この視点にもとづく議論では、ケアを女性の本質的な役割と結びつけるジェンダー規範の抑圧性が指摘されてきた。具体的には、女性が職業生活を諦めざるをえなかったり、第三者（多くの場合は夫）に経済的に依存せざるをえない状況に置かれたりすることが強調され、その結果、自由な生活空間が制限され、社会的・経済的に脆弱な立場に追いやられることが問題視されてきた。

　これに対し、障害学は、社会が障害者のニーズを考慮せずに構築されている点を鋭く批判し、ジェンダー研究におけるケアの議論に対して、ケアを「受け取る側」の視点が欠如していると指摘してきた。さらに、障害学の男性中心主義を批判する文脈から登場した**フェミニスト障害学**は、ジェンダー研究においてケアを「担う側」として想定される女性の中に障害のある女性が含まれておらず、むしろ障害者は男性でも女性でもつねにケアを「受け取る側」として見なされてきたことを強調する（Fine & Asch 1988；Morris 1991、1996）。

　しかし、ケアを「受け取る側」としてのみ社会的に位置づけられることは、障害のある女性に対して、障害のない女性や障害のある男性が経験しない特有の出来事や状況をもたらす。以下では、DPI女性障害者ネットワークという、障害のある女性たちが中心となり活動している団体の代表をつとめる藤原久美子さんの経験を参考にしながら、この問題について考えていこう。

見過ごされるケア役割

　藤原さんは、視覚障害を持った後に第一子を妊娠している。そのときの自身の経験にもとづいて、次のようなエピソードを紹介している。

エピソード 1

そのときは 40 歳だったんて〔中略〕戸惑ったけどやっぱり嬉しかったし、パートナーも「産んで欲しい」ってことて、産むつもりでいたんてす。けれども、そのことを当然喜んてくれるだろうと親族とかに話すと、医者と一緒になっててすね、中絶を勧められました。その理由は 2 つてす。私が 40 歳になるっていうことと、障害があることてすね。〔中略〕障害児が生まれる可能性が高いてすっていうのを、医者は特に言いましたね。親族の方はやはり「自分〔の体調〕が悪いのに、子どもなんて育てられへんてしょ」っていう、「あんたが大変だ」ということて中絶を勧められました。〔中略〕私はずっと親族からも周囲からも、障害のないときは「はよ子ども産んで」とか「結婚はまだか」とか、すごい言われた世代なんてすよね。それが障害を持ってからは、そういうことは一切言われなくなった。〔中略〕て、いざ妊娠すると「堕ろせ」と言われてしまう。障害のあるときとないときでこんなに変わるものなのかなと。

(藤原 2021：46)

　ここからは、障害者が生まれることを「望ましくない」と見なす**優生思想**だけでなく、「つねに他人からの世話が必要な障害者に、人を世話できるはずがない」という偏見が、社会に根強く存在していることが見てとれる。このような偏見は、障害のある女性に子どもの世話はできないという固定観念にもつながる。再度、藤原さんのエピソードを紹介しよう。

エピソード 2

娘がてきたらみんな「女の子てよかったね」って言ってくれるんてすね。「女の子はね、世話してくれるよ。用事してくれるよ」とか言われるわけてす。娘がまだ 2、3 歳のときとか、保育園に手を引いて一緒に行っていたら、みんな娘に向かって「偉いね」っていう感じて。「お母さんをちゃんと連れて行ってあげて偉いね」みたいな感じて声をかけられるんてすけれども。「いやいや、私が連れて行ってんねんけど」と思いつつ、そういう反応がよくありました。娘もあんまりにも周りから「ママの面倒見ててね」とか「ママのことよろしくね」とか言われすぎて、逆に反発するというか、そういうのがすごい嫌やったみたいてす。

(藤原 2021：47)

　ここでは、障害のある女性が実際に子どもの世話をしているにもかかわらず、その事実が見過ごされ、逆に子どもが母親の世話をしていると誤解されていることがわかる。このことをふまえると、ケア役割において女性が経験する抑圧は、これまでジェンダー研究で指摘されてきた「役割が押しつけられること」

による抑圧だけではないことが明らかだ。抑圧は、ケア役割が期待されないことや、適切に果たせないと見なされることによっても生じる。それは、ケア役割を押しつけられるという、障害のない女性が経験しがちな抑圧とは大きく異なる。このため、障害のないマジョリティ女性を基準に「女性の抑圧経験」を単純化する認識枠組みのもと、障害のある女性の抑圧は、同等に深刻であるにもかかわらず、十分に認識されず、見えにくくされてきたのだ。

3　福祉サービスは誰のためのもの？

不便な福祉サービス　「つねに他人からの世話が必要な障害者に、人を世話できるはずがない」という前節で指摘した偏見は、障害のある女性が実際に担っているケアを不可視化するだけではない。この偏見は、障害者への福祉サービスの設計にも影響を与えている。たとえば、藤原さんは、自分の娘の保育園の送り迎えをするために、視覚障害者や身体障害者の外出や移動の支援を目的に、自治体が提供しているガイドヘルパー制度を利用しようとした。そのときに起きた不可思議な経験を、彼女は次のように紹介している。

エピソード3

娘の保育園の送迎にガイドを使いたいなんて思っても〔中略〕使えないんですね。自分が買い物に行くとかだったら使えるんですけれども、子どもの保育園の送迎って制度にはないんですね。2009年に通達が出て、「居宅介護」っていう家の中で済むサービスの範囲を広げて、子どもの送迎使ってもいいですよってことになったんで、私はそれを使ったんですが。でも、「居宅介護」なのて、基本、障害者自身が家にいないといけないんですよ。だから「買い物代行」みたいな形でヘルパーさんに子どもの送迎を行ってもらわないといけないんですね。でも、保育園の送迎ってただ安全に送り迎えしたらいいっていうもんじゃなくて、やっぱり保育園で遊んでいる子どもの姿とか、その友達と遊んでいる様子とか、先生から直接話を聞いたり、他の親との交流とかもやっぱりあると思うんですけど、そういうことは一切できないわけですよね〔中略〕本当に障害者の育児は考えられていないなって思いました。

(藤原 2021：50-51)

ガイドヘルパーや居宅介護といった福祉サービスは、障害者が障害のない人

と同等に、地域で**自立生活**を送りながらさまざまな活動に参加できるよう支援するための制度だ。しかし、このエピソードからは、そうした福祉サービスが、子育てなどのケアを担う障害者を考慮せずに設計されていることがわかる。その結果、障害のない母親であればあたりまえのように享受できるはずの機会でさえ、障害者にとっては選択することが難しい、ちぐはぐで不十分な制度になっていることが明らかになっている。

ケアをめぐる二項対立を超える

ここまでみてきたように、私たちの社会で、たとえ女性であっても、障害者はケアを受ける側として見なされることが多く、ケアを担う存在として十分に認識されてこなかった。そのため、障害のある女性がケアを担っている場面に遭遇しても、その事実が見過ごされがちだった。同様に、障害者向けに提供されている福祉サービスも、ケアを担う障害者にとっては使い勝手の悪いものになっている。

　私たちの社会は、どうやら「ケアを担う人」と「ケアを受ける人」を二項対立的に捉えてしまっているようだ。しかし、障害のある女性の経験からみえてくるのは、ケア（社会的に提供されるものを含む）を受けとることができてはじめて、私たちは身近な他者をよりよくケアすることができるという普遍的な事実だ。

　たとえば、家族が急な病気やけがで介護が必要になった場合を考えてみよう。短期間であれば、個人的な努力や忍耐で対処できるかもしれない。しかし、介護の責任が長期間に及ぶ場合には、介護休暇はもちろんのこと、適切なスキルや情報を身につける機会、似たような経験を共有する仲間との交流、そして定期的な休息を取る機会など、多岐にわたるケアが必要となる。これらのケアを通じて、ストレスや孤独感を軽減し、身体的・精神的なリフレッシュを図ることで、介護者としての役割を適切に果たすことが可能になる。

　私たちはケアする側であると同時にケアされる側でもある。ケアを担うことと受けとることに関する二項対立を脱したとき、私たちはジェンダーとケア、そして障害に関する議論を新たな視点から捉えなおすことができる。これは、インターセクショナリティを意識したジェンダー研究における重要な課題のひとつといえる。

> **ワーク2**
>
> 　藤原久美子さんの「周辺から問う——障害女性の運動が重視するもの」（https://irdb.nii.ac.jp/00835/0005125839）、伊是名夏子さんの『ママは身長100 cm』（ディスカヴァー・トゥエンティワン）、土屋葉さんらの『障害があり女性であること』（現代書館）のいずれかを読み、本章で取り上げた事柄以外に、障害のない女性と障害のある女性との間にどのような経験の違いがあるか、まとめてみよう。

4　インターセクショナリティが必要な理由

「非典型的な」抑圧経験　　私たちは、さまざまなかたちで抑圧を経験する。この抑圧を生み出す社会構造は、性差別や人種差別（第14章参照）、障害者差別などがそれぞれ独立して存在しているのではない。むしろ、これらの概念は社会構造の複雑さを整理し、理解しやすくするための試みの一環として捉えるべきだ。特定の集団がどのようにして抑圧を受けるのか、その仕組みを説明するために必要とされたものだ。抑圧を生じさせる構造に名前をつけることは、その存在を可視化するために重要であり、意味のあることだ。

　しかし、これらの差別構造があたかも別々に存在しているかのような印象が強まると、深刻な問題が生じる可能性がある。たとえば、本章で取り上げた性差別と障害者差別の影響を同時に受けている障害のある女性たちの経験があげられる。これらの経験は、性差別の観点からも、障害者差別の観点からも、しばしば「非典型的なもの」と見なされ、分析の対象から外されたり、社会問題として十分に認識されてこなかったりした。その結果、障害のある女性が直面する課題は、適切に対処されず、解決されにくいといった不当な状況を生み出してきた。

想定を超えたかたちで
働く抑圧構造

インターセクショナリティは、こうした実践的な問題意識から発展してきた考え方だ。したがって、インターセクショナリティを意識した分析は、従来の分析から外されがちだった社会的位置、とくにマイノリティ性の高い社会的位置に置かれている人たちの経験に焦点を当てることを重視する。

　その背景には、こうした人たちが経験する抑圧が、従来の性差別や人種差別、障害者差別といった分析だけでは捉えきれない、より複雑な仕組みによって生じているという「直感」がある。こうした複雑な仕組みをどう捉えればよいか。その方法はいくつかありうるが、従来の分析では個別に捉えられてきた抑圧構造間の交差というイメージを用いて捉えようとするのがインターセクショナリティだ。

　ここでの重点は、交差した抑圧構造の様態を理解することにある。したがって、インターセクショナリティに関する議論でよく耳にする「何と何が交差しているのか」という特定は、二次的な問題と見なされるべきだ。むしろ、インターセクショナリティを意識した分析は、従来、性差別や人種差別、障害者差別といった枠組みで説明されてきた抑圧構造が、これまでの想定を超えたかたちで機能する可能性を積極的に捉え、その実態を明らかにすることで、社会の全体像をより深く把握する試みとして理解されなければならない。

グループワーク

　グループになって、【ワーク2】でまとめたことを紹介し合おう。そのうえで、経験の違いの背景に何があるのかについて、事例に即しながら議論してみよう。

わたしとジェンダー

　高校卒業後に留学した先のアメリカ・アイダホ州で、性的マイノリティに否定的な法律を制定するための投票が実施されることになりました。1990年代前半の出来事です。「人権の観点から考えておかしい」と感じていたとき、友人たちが反対運動を始めたので、私も参加しました。そこで出会ったのが、レズビアンやクィアの女性たちが展開するフェミニストのグループでした。州民投票では、反対派が僅差で勝利を収めました。

　このときの経験が私の原点となっており、私にとってフェミニズムはつねに社会運動と一体です。また、ジェンダーの問題だけではなく、社会の中に存在しているさまざまな差別や不正義と闘うものです。社会を変えるための取り組みを、多様な人びととつながり、協力しながら続けていきたい。そのような思いから、現在も、ふぇみ・ゼミ＆カフェ（https://femizemi.org/）という社会運動団体で活動しています。

キーワード

フェミニスト障害学

　とくにジェンダーと障害の交差に焦点を当てるフェミニストらによって構築された学際的な研究分野。障害のある女性が経験するさまざまな不利益や差別の実態を明らかにするとともに、従来のフェミニズムや障害学が内包する根深い偏見や見落としを指摘することで、これらの学問分野において形成する知の更新をめざしてきた。

優生思想

　健康で「望ましい」特性をもつ人びとの繁殖を奨励し、それに反する特性をもつ人々の繁殖を制限する思想や実践のこと。障害者に対する強制的な不妊手術や人種浄化政策につながったため、現代では大きく批判されている。しかし、遺伝子技術の進展により、新たなかたちの優生思想が登場しているとも指摘されている。

自立生活

　障害者の自立生活は、1970 年代以降、国際的な社会運動として展開されている。障害者をたんなる保護や支援の対象ではなく、みずからの選択で自分の人生を決定する権利をもつ主体と見なす。障害者が障害のない人と平等に地域社会で生活することをめざしており、その過程で福祉制度、公共交通システム、学校のあり方などに影響を与えてきた。

ブックガイド

伊是名夏子『ママは身長 100 cm』ディスカヴァー・トゥエンティワン、2019 年

　著者の伊是名夏子さんは、生まれつき骨の弱い骨形成不全症のため、身長が 100 センチで、ふだんは車いすに乗って移動している。このエッセイでは、ヘルパー制度（重度訪問介護サービス）を利用しながら、二人の子どもを育てる伊是名さんの日常が描かれている。

土屋葉編『障害があり女性であること──生活史からみる生きづらさ』現代書館、2023 年

　48 名の障害のある女性の「生活史」をもとに執筆された研究書。女性であり、障害者でもある彼女たちが日常生活で直面する多様な困難と、それらを生じさせる社会の構造を明らかにしようとしている。

コリンズ、P. H.／ビルゲ、S.『インターセクショナリティ』下地ローレンス吉孝監訳、小原理乃訳、人文書院、2021 年

　インターセクショナリティを用いた分析はマイノリティのエンパワーメントにつながっていくものでなければならないという立場から、インターセクショナリティを批判的なツールとして用いているさまざまな取り組みを紹介している。

第**14**章

女性にも「特権」はあるの？
―― レイシズム、家意識、マイクロアグレッション

宮前千雅子

1 「特権」とは何か

誰もがもちうる「特権」

みなさんは「特権」というと、何をイメージするだろうか？　何か特別な立場にいる人が得られるもの、というイメージだろうか。たとえば『広辞苑』(第七版) では、「特定の身分や階級に属する人に特別に与えられる優越的な権利」と定義されている。ということは、「特権階級」という語に象徴されるように、それは国会議員の不逮捕特権のようなものであり、いわゆる一般市民にはまったく関係のないものなのだろうか。

　心理学者の出口真紀子は、誰しもがもちうる「特権」を紹介している。それはアメリカの社会的公正や**レイシズム**に抗する運動で広まったものであり、「ある社会集団に属するということだけで、労なくして得ることのできる優位性」と定義される (出口 2021)。社会集団とは国籍や人種、民族、階級、性別、性自認や性的指向などのいわゆる属性を指し、それらの大半は社会的に構築されたものであって、本人の意思で選ぶことはできない。また優位性とは、前章でみた権力関係における「有利な立場」と同じ意味である。

気づきづらい「特権」

出口によればその特権は、もっている者自身、なかなか気づかない、もしくは気づけないという特徴がある。たとえば筆者の国籍は日本だが、日本社会においてそのことを意識する場

面など、まずない。日々の生活ではあたりまえのように日本語で会話し、日本風の名前を名乗り、さらに選挙があれば当然のように一票を投じる。それらの日常は日本において日本国籍であればあたりまえに認められることではあるが、筆者はそれに向けて何がしかの努力をしたのかといえば、何もしていない。すなわち、日本において日本国籍を有する者はマジョリティ（多数派、もしくは支配的集団）であり、社会そのものが日本国籍を有する人を基本モデル、普遍モデルとして構成されているから、何の苦労もなくそのような日本人特権をもつのだ。

　しかし、日本に生活の拠点がある外国人は、さまざまな場でそのことを意識せざるをえないだろう。なぜならば、彼女ら彼らはマイノリティ（少数派、もしくは被支配的集団⇒第 3 章キーワード）であり、日本において外国人であるということは参政権を含めた権利が制限され、ふだんから在留カードなどの携行を義務づけられるように、生活のあらゆる場面で特別な（決して良い意味ではない）扱いを受ける。それは日々の多くの場面で、みずからの属性を意識させられる経験である。

　筆者はほかにも障害者の枠組みに入るような障害がないことから、健常者特権をもっている。それ以外にも、異性愛であることなど、国籍と同じくらい意識せずに生きている属性がある。意識しないですむのは、無関心でいられるということでもあり、その属性が原因で悩んだり困難を抱えたりすることがないということだ。そのこと自体、大きな「特権」なのである。

　では、あなたには、どのような「特権」があるだろうか。早速ワークをしてみよう。なお、この【ワーク 1】と章末の【グループワーク】は、栗本敦子・伏見裕子『これからの社会を生きていくための人権リテラシー（第 2 版）』（北樹出版、pp. 24-27）を元にして作成したものである。この本はワークなど様々なアクティビティを通して「人権リテラシー」を実践的に学ぶことができるため、関心のある読者はぜひ手に取ってみてほしい。

ワーク1

(1)「特権」に関する以下の項目について、あてはまるものに○をつけてみよう（他者に明かす必要はないため、ワークシートは省略）。

1．「あなたの名前は？」と尋ねられたら、ちゅうちょすることなく答えられる

2．友人の親からどこに住んでいるか尋ねられたら、迷わずに答えられる

3．履歴書などの性別欄に、ためらうことなく性別を書ける

4．生理や妊娠、出産のことを考えずに、自分の予定や仕事の予定を考えられる

5．恋人のことを、ためらうことなく人前で話すことができる

6．運動会では、いずれかの種目に出ることができる

7．家族構成を尋ねられたら、ちゅうちょすることなく答えられる

8．親の勤務先を尋ねられたら、迷わずに答えられる

9．家族の世話などを気にせずに、自分の予定を決められる

10．結婚（法律婚）に際して、自分の姓が変わることなど想像しない

(2)あなた自身、社会におけるみずからの位置について、どのように感じただろうか。また、「特権」を自覚すると、どんな気分になるだろうか。なぜ、そのような気分になるのだろうか。それぞれ考えてみよう。

（栗本・伏見 2024 参照）

マイノリティと現代的レイシズム　さきほども述べた通り、「特権」はマジョリティ側がもち、マイノリティがもつことなどない。しかし、「特権」という語は、ときにマイノリティを標的とした攻撃に用いられてきた。心理学者の高史明によれば、それは、「すでに差別は解消されているにもかかわらず、自分たちの努力不足の責任を差別に転嫁して抗議し、不当な特権を得ている」というロジックにもとづく（高 2015）。

　日本におけるその典型例が、在日コリアンに対して、2010 年代以降向けられたヘイトスピーチだといえよう。それは、ありもしない「在日特権」などと

いう造語とともに行われているもので、あからさまな侮蔑や見下しなどの差別と区別して、現代的レイシズムと表現されることもある（高 2015）。レイシズムとは、人種や民族、出自（ルーツ）にもとづく差別を意味するが、その変容に着目して提起されたのが現代的レイシズムである。

　さきほどのようなロジックにもとづくのであるから、レイシズムと名づけられてはいるものの、ターゲットとなるのは在日コリアンだけではない。第10章で取り上げた女性専用車両に対する反発や障害者への合理的配慮をめぐるバッシング、本章でいえばかつて実施された同和対策事業という被差別部落（同和地区）への格差是正施策についての反発など、いずれもマイノリティをターゲットにした現代的レイシズムといえるだろう。

2　女性はマイノリティ？　マジョリティ？

女性はみな同じ「女性」か

　すでに前章で確認した通り、女性はマイノリティにあたるが、女性だからといってどんな状況においてもマイノリティであるわけではなく、女性も「特権」をもちうる。またマイノリティとしての経験も、一様ではない。本章ではそのことを、筆者を含む被差別部落にルーツがある女性の体験を通して、具体的に考えていく。

　筆者がジェンダーについて学びはじめたのは 1980 年代半ばのことで、そのころは大学で「女性学」という講座が開講されていた。やがてそれは「ジェンダー論」や「ジェンダー研究」へと発展していく。

　そのなかで日本女性の歴史的な歩みも読みなおされていくのだが、とくに戦後、日本女性は専業主婦化していった、という研究（落合 1994）に出会ったときは腑に落ちない思いだった。筆者のまわりに同時代を生きた女性はたくさんいたものの、専業主婦をしていた、もしくはその経験がある女性はひとりもなかったからである。同じく女性学からジェンダー研究へと歩みをともにした研究仲間の多くは、自分の母親などと同定して大きくうなずいていたのとは好対照だった。なぜこのような違いがあるのだろうか。

不可視の存在とされる部落女性

被差別部落とは、江戸時代までの身分関係などで異質視され差別されてきた集団を前提にして、近代社会において被差別部落（以下、部落）とみなされた地域を指す。とくに明治以降、貧困に苦しむことの多かった部落では、男性も女性も働くことがあたりまえであり、それは戦後社会においても変わらなかった。筆者の周囲の女性たちも同様、不安定な仕事につく男性とともに働きつづけてきた。

図14-1を見てみよう。大阪府内の部落女性の労働曲線は、大阪府女性のそれとは異なるカーブを描く。女性が結婚や出産で仕事を退くことを意味する切れ込みが、一部を除いてほとんど存在せず、そのカーブはむしろ大阪府男性に近い。

しかしマジョリティ女性中心の（歴史）研究には、そのような女性の姿は描かれない。さらにいえば、かつては少ないながら取り上げられることもあった部落女性の存在自体、ここ最近の女性史・ジェンダー史にはいっさい登場しない。インターセクショナリティは、女性史・ジェンダー史にとっても鍵概念とされており、さまざまなマイノリティ女性が登場するようになっているにもかかわらず、である。

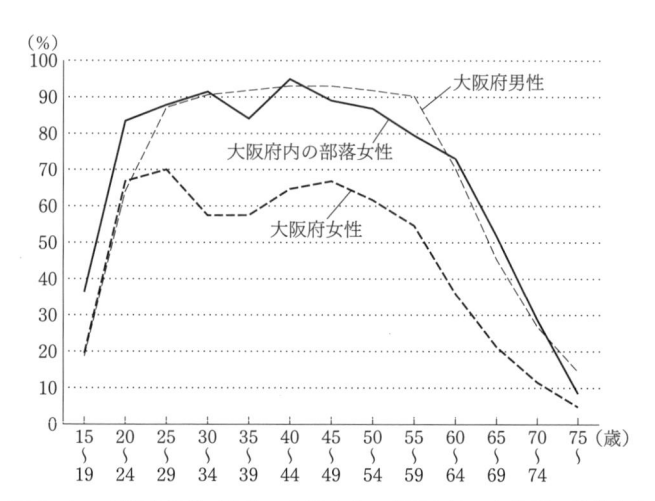

図14-1　大阪府男性／女性と大阪府内の部落女性の年齢別、労働力率
（部落解放同盟大阪府連合会女性部 2009）

注）大阪府のデータは「国勢調査」（2005年）

　また部落問題の（歴史）研究においても同様で、女性はほとんど登場しない。部落男性が基準とされるからである。

　つまり、女性であり部落出身である部落女性は、女性（ジェンダー）問題、部落問題、それぞれ単独の枠組みだけでは照射されない存在なのだ。それは存在するのに存在しないとされてしまうことであり、だからこそ前章でみたインターセクショナリティが必要とされる。いくら視点や概念を共有していても、部落女性を見ようとしない、関心を寄せようとしない研究や研究者は、さらなる不可視化に加担しており、みずからの「特権」にあまりに無自覚といえないか。

家意識に　絡まり合う差別　部落女性の体験する困難も、部落差別、女性差別という単独の枠組みだけでは読み解けない。それら2つが足し算のように部落女性の中に存在するのではなく、それらは絡まり合い、総体として部落女性に影響を及ぼすからだ。ある30歳代前半の部落女性（関西在住）の経験から、より深く考えていこう。

ある部落女性の経験

彼女が20代のころ、3年間交際した男性がいた。結婚を意識していた彼女は両親に紹介し、彼は毎日のように彼女の家で食事をして家族旅行にも同行するほどだった。相手の両親に会う前に、彼女は部落出身であることを彼に伝えた。とくに反応もなかったので、彼女は受け入れてもらえたと思っていた。しかし彼が自分の両親にそれを伝えたところ、猛烈な反対にあい、結婚はおろか交際も、さらには友人であることさえも禁止されてしまう。部落問題についての知識がまったくなかった彼は、両親の態度が差別であることも見抜けず、その侮蔑的な言葉をそのまま彼女に伝えることさえあった。彼女は彼の両親に会うこともなく、2人の関係性は終わってしまう。

　彼女が体験したのは、交際や結婚に際して相手が部落出身であることを理由に反対するという結婚差別である。だが現在の日本では、婚姻は両性の合意のみにもとづくのであって、当人どうしが納得していれば問題はないはずだ。にもかかわらず、なぜ親の反対が2人の関係を裂いたのだろうか。

　そこには、結婚を個人どうしのつながりと捉えず、それぞれの親族共同体の

結合とする考えがあるのではないか。今も結婚式場やその案内状に、「○○家」「△△家」の結婚式と記載されることが少なくない。それは、戦後の民法改正でなくなったはずの「家」を体現するものでもあり、それにこだわる**家意識**のあらわれである。当人たちが意図しているかは別として、慣習として残っているのだ。

　かつての結婚は、妻が夫の「家」（親族共同体）に入ることで成立した。女性がみずからの姓を喪失し（夫の姓を名乗る）、住み慣れた家や家族を失う（夫側の住居でその家族と暮らす）など、さまざまに女性の人生に変更を迫る一方、男性にそのようなことは迫らない、非対称的な関係性だ。それは戸主や夫の支配下に入ることでもあり、性差別やジェンダー規範そのものである。また「家」への帰属は、「家柄」や「血統」などといった歴史を縦に貫く系譜意識ともかかわっており、レイシズムとも重なり合う。部落女性が体験する結婚差別は、部落差別だけではなくそれらとの交差の中にある。

3　ごく日常的な差別

**率直な意見に
含意されること**

　筆者が大学で部落問題について講義すると、「こんな風に教えるから、いつまでも差別が残るのではないか」「いやだったら、部落から移り住めばいいのではないか」などの、率直なコメントを受講生からもらうことがある。読者は、同意するだろうか。

　正直にいうと、筆者は不快な思いになってしまう。そもそも前者も後者もめざしているのは部落や部落出身者という枠組みがなくなる社会であり、障害者問題や外国人問題など、他の人権課題では決して出てこない意見だ。それがめざすのは、すでに述べた不可視化そのものであり、差別があるのは部落や部落出身者が存在するからだ、と同義でもある。

　また、多くの人が自分の生まれたところ、住むところに愛着をもつのと同じように、部落に生まれ、暮らす者も愛着をもつ。そこから離れろというのは、あまりにも身勝手な意見だ。

　さらに、「部落問題は昔の問題なのではないか」という意見にも、遭遇することがある。すでに紹介した部落女性の経験から、部落問題が昔の問題でない

ことは再度、述べる必要はないだろう。だがこのコメントも、「もう終わった問題なのに、いつまで差別差別と言ってるの？」というメッセージでもある。

マイクロアグレッションが与える影響　たしかにそれらは、「部落は怖い」「部落の人とは付き合いたくない」といった、あからさまな差別ではない。しかしながら、意図的か否かにかかわらず、敵意や侮辱、否定、もしくは問題を無化するような意識が含まれている。そのような些細ではあるが、ありふれた日常的な差別言動を**マイクロアグレッション**と呼ぶ（スー 2020）。マイクロアグレッションも現代的レイシズムと同様、差別のあらわれ方の変容に着目して提起された概念である。部落出身者だけでなくマイノリティに対して、一見すると軽微で些細な言動が、悪意なく投げかけられているのが現状なのだ。

　たとえば日本で生まれ育った在日コリアンに対して、「日本語が上手いね」「いつ日本に来たの？」という言葉が発せられる。役場の窓口で問題が起きたとき、女性職員が説明しようとしても「男を出せ」と言われる。それぞれ在日コリアンを日本社会の一員と認めず、女性を二級市民として扱う発言だ。しかし、あからさまな悪意はわかりづらいので、ことごとく反論すると過剰反応だととられてしまいがちだ。だがマイノリティにとっては、自尊感情を削られるような経験である。

　また悪意のある差別は、社会的な非難にさらされてすぐに収まることも多い。だがマイクロアグレッションは差別の意図が表面化しづらく、またあまりにも日常的な言動であるため、発信者はそれに気づきづらい。結果、放置されることのほうが多く、どんどん肥大化していく可能性がある。それはマイノリティを攻撃しつづけるとともに、さらなる人権侵害へとつながりかねない。

「特権」とマイクロアグレッション　マイクロアグレッションは、マジョリティからマイノリティに向けられる。たとえば、上にあげた「日本語が上手いね」に、とくに相手を傷つけようという意図はない。しかし、そこには「日本で暮らすのは、日本風の名前を名乗り日本語をしゃべる人間だ」というマジョリティが共有してきた基本モデルがあり、それを「ふつう」「あたりまえ」としてしまうと、たやすくマイクロアグレッションに加担してしまう。

　だからこそ、みずからの「特権」を自覚し、みずからとは異なる他者の存在を認め、その「異なり」が何から生ずるのか、深く考えていく必要がある。

ワーク2

　これまであなたが見聞きした言葉で、マイクロアグレッションではないかと思われるものはあるだろうか。それらをあげてみよう。そして、今後、あなたがそのような言葉に出会ったとき、どういった言説でそれに対抗できるのか、具体的に考えてみよう。

4　差別を生み出す社会の仕組みを変えるために

差別を構造的に考える　そもそも、なぜ生まれもった属性が、マジョリティとマイノリティといった異なった社会的位置に置かれるのだろうか。それは、マジョリティに有利となる社会規範や文化、秩序、制度が存在するからだ。たとえば男尊女卑、家父長制、家意識、さらにはジェンダー規範や性別役割分業などは、男性を社会の中心に据え、女性を周縁化してきた。血統主義や家意識、レイシズムなどは、部落や部落出身者を周縁化し、そうではない人を社会の中心と設定してきた。マジョリティとマイノリティの違いは、たんなる個人的な違いではなく、社会の仕組みにかかわる非対称的なものなのだ。

　しかしマジョリティは社会の基本モデルとなっているため、みずからの「特権」だけではなく、非対称的な関係性やマイノリティの周縁化に加担してしまう可能性についても、気づきづらい。第1節で取り上げた、マイノリティに向けられた攻撃も、マジョリティがみずからの「特権」に気づいていないからこその攻撃だといえよう。

「特権」の自覚から社会変革へ　だからこそ、マジョリティがみずからの「特権」について自覚することが求められる。それは、怒りや恐怖、罪悪感などを抱く不快な体験であるかもしれない。しかし、その不快感こ

そが、「特権」の裏返しでもある。

　「特権」を自覚することは、マジョリティにとって他人事であった人権課題を、みずからが解決する課題に変える一歩である。その力は、マイノリティもマジョリティも生きやすい社会の実現につながるものだ。

　さらに「特権」の自覚は、ジェンダー研究にとっても、周縁化され不可視化された存在を包摂する新たな地平へと射程を広げる重要な一歩となるに違いない。

グループワーク

　【ワーク1】で考えた「特権」について、気づいたことを意見交換してみよう（みずからの具体的な「特権」の内容について、触れる必要はない）。「特権」を自覚する際の気持ちについても、話し合ってみよう。また、みずからの「特権」を使って、社会をどのように変えていくことができるだろうか。具体的に何かできそうなことはあるだろうか。話し合ってみよう（栗本・伏見 2024 参照）。

わたしとジェンダー

　筆者は、およそ 100 年前に創立された、「婦人水平社」という部落女性の運動団体について研究してきた（宮前 2022）。100 年前という、今とは比べようもないほど女性の権利が制限された時代に、彼女たちは女性差別と部落差別が絡まり合った困難を「二重三重の差別と圧迫」などと名づけ、それに抗する声をあげた。

　しかしその存在は、日本の女性の歴史の中でも被差別部落の歴史の中でも、一部を除いてほとんど取り上げられることはなかった。その活動期間は大変短かったが（その思想は戦後から現在にも伝えられている）、日本にもより周縁化された女性たちのフェミニズムがあったこと、そしてそれは日本におけるインターセクショナリティの萌芽とも位置づけられうることは、歴史に刻まれるべき事実である。

キーワード

レイシズム

　人種・民族・出自（ルーツ）などにもとづく差別であり、それを実現させるための政治的・社会的システムも含む。出自は「世系」とも表現され、先祖から子孫に受け継がれる系譜や系統など（血統も含むとされる）を指す。国連は世系差別のひとつとして部落問題を捉えているが、日本政府はその立場に立たない。

家意識

　人びとの意識の中に慣習として残る、「家」にこだわる意識。「家」は明治民法で規定され、1947 年の民法改正時まで存続した制度。その統率者が戸主（家長）であり、財産を管理して家族全員を支配した。「〇〇家の嫁」や「親の面倒は長男がみるべき」、また結婚時の改姓は妻が大半を占めることなどに象徴される意識。

マイクロアグレッション

　歴史的・構造的にマイノリティ化されてきた人や集団に対して、（悪意があるかないかにかかわらず）ごく日常的に発せられる敵意や侮辱、否定、もしくは問題を無化するような言動のこと。結果として、被害者に対し、精神的に多大なダメージを与える行為でもある。

ブックガイド

上川多実『〈寝た子〉なんているの？――見えづらい部落差別と私の日常』里山社、2024 年

　著者は、関西の被差別部落出身で東京在住。「部落なんて知らない」「部落差別はない」という周囲の言葉と格闘しながら、自分の子どもたちに、ママ友に部落問題を伝えようとしていく。それは、みずからのルーツに向き合いつづける姿である。

熊本理抄『被差別部落女性の主体性形成に関する研究』解放出版社、2020 年

　90 人の部落女性の聞き書きをもとにした、主体性形成に主眼を絞った研究書。著者自身が国際 NGO で勤務する中、「複合差別」という訳語を日本に紹介し、マイノリティ女性がそれを政策提言につなげていった。交差性（インターセクショナリティ）、複合差別についての必読書。

スー、D. W.『日常生活に埋め込まれたマイクロアグレッション――人種、ジェンダー、性的指向：マイノリティに向けられる無意識の差別』マイクロアグレッション研究会訳、明石書店、2020 年

　人種や性、性的マイノリティにまつわるマイナスの意識は、日常生活の何気ない会話の中に潜りこんで人口に膾炙する。そしてマイノリティを傷めつける。それを見抜く概念が、マイクロアグレッションである。本書を通して、差別を繊細に捉える視点を身につけてもらいたい。

第**15**章

「トランスジェンダー問題」とは何か？
—— トランスジェンダー／シスジェンダー、性別承認法

高井ゆと里

1 「性別」と私たち

性別という情報　SNS を見ていると、あるニュースが目に入った。詐欺グループの男女 3 人が逮捕されたらしい。50 代の男女 2 人と、40 代の男性。だが、どうして年齢と性別を報じるのだろう。こうした場面で、被疑者の身長や好きなアーティスト名が報じられることはない。どうやら私たちは、他者の「性別」を知りたい生き物らしい。

今度は、親戚に子どもが生まれたとする。あなたは、最初に何を尋ねるだろう。身長だろうか。毛量だろうか。いいや、おそらく性別だろう。

最後に、自分のこととして想像してみてほしい。あるとき突然、自分の身分証の性別欄が書き換わってしまったとする。女性として生きているのに、住民票や保険証には「男」と書いてある。男性として生きているのに「女」と書いてある。

どうだろう？　きっと困ったことになるだろう。あなたは病院に行くたび、医者や受付スタッフからじろじろ見られるかもしれない。投票所でも「ご本人ですか」と聞かれる。就職活動をするのも大変だ。履歴書の性別欄はどうしよう。内定が決まれば、人事課に住民票を出さなければならない。どうやって説明する？　あなたはこれからも女性／男性として生きていくつもりだったのに、書類の表記（男・女）があなたの人生を阻む。そして驚くことに、あなたの身分証をのぞき見た人のうち、少なくない人がこう言うのだ——「身分証こそが

あなたの真実だ。だから、あなたは身分証の性別に従って生きるべきだ」と。

　私たちの社会では、性別と、その人の人格が切り離しがたいものとして理解されている。新聞やテレビは、容疑者や被害者の性別を伝える。初対面の相手が「男性」なのか「女性」なのか、知りたがる人は多いはずだ。会社の就職試験でも、投票所でも、性別を明かすことが求められる。

性別とアイデンティティ

　だからこそ性別は、私たちのアイデンティティの一角を形づくってもいる。先ほど想像してもらったように、身分証の性別表記が自分の性別とずれているからといって、身分証に合わせて「反対の性別で」生きるよう命令されるのはおかしなことだ。あなたが女性なら、あなたはこれからも女性として生きていくつもりだろうし、あなたが男性なら、あなたは男性として生きていくつもりなのだろう。

　こうした、自分の自己同一性（アイデンティティ）に刻み込まれた性別についての認識を、一般に「性同一性」と呼ぶ。ちなみに「性同一性」は「ジェンダーアイデンティティ」や「性自認」と呼ばれることもあるが、いずれも同じ意味である（第3章参照）。

性別と身体

　性別は、しばしば身体と密接な結びつきをもっている。新たに生まれた子どもの性別の判定にも、外性器の分類が用いられる。しかし、たとえば事故や病気によって外性器や内性器の存在や機能を失った人が、そのことによって「その性別でなくなる」わけではない。また、そういう経験をした人に向かって「反対の性別で生きろ」と命じたところで、本人の性同一性を無視したそのような命令には誰もが反発するだろう。

　人の人格の自己同一性は、過去の人生の蓄積とともに形づくられ、これからどんな人間として生きていくのかという、未来についての自己イメージの中核をなしてもいる。どんな性別として生きていくかにかかわる自己認識（すなわち性同一性）も、まさにそうした人格の一部をなす。だからこそ、本人の性同一性に反して「そうでない性別で生きろ」などと命令する権利は誰にもない。

　たしかに、精巣や陰茎、子宮や卵巣は、男・女の身体にそれぞれ備わってい

ることが多い。しかし、ある人がどんな性別であり、どんな性同一性をもっているかということは、先ほどみたようにそれらの臓器の有無には還元されえない。それらの身体部位と、その人の性別や性同一性が、つねに特定のペアをなすことは必然的ではないのである。

ワーク1

　新聞記事で「男性」や「女性」が使われている例を探し、そこで性別が言及されている必然性はあるのか考えてみよう。

2 トランスジェンダーの人たち

**性別の複層性と
トランスジェンダー**

　これまで、いくつかの例をあげつつ「性別」というもののリアリティについてあらためて意識してもらった。とはいえ、自分の性別を選んで生まれてくる人はいない。性別は、生まれたときの身体の特徴にもとづいてまわりの大人たちが判定し、戸籍や住民票に勝手に登録されるものだからだ。しかし「性別」は、個人のアイデンティティの一部をなすものでもある。つまり、自分が誰であるかという人格の一部をなす。こうしてみていくと、性別には複層性があることがわかる。「生まれたときに判定された性別」「生活している性別」「身体の性的な特徴」「公的書類に記載された性別」「アイデンティティの性別（性同一性）」など、性別はいくえにも折り重なっている。

　世の中のほとんどすべての人にとって、これらの「性別」は首尾一貫している。しかし、「性別」の情報が不一致を起こしたり、「性別」のあり方が多数派とは異なるという人もいる。たとえば、生まれたときには「女性」を割り振られたが、本人は女性として生きていくアイデンティティを形成せず、むしろ男性としての性同一性を形成する人たちがいる。そうした人には、体つきを男性的なものに変えたり、実際に男性として生きていったりする人もいる。反対に、生まれたときに「男性」として登録され、男性として育てられたけれども、本人は男性でも女性でもない存在として自分を理解していたり、「男性的な」自

分の身体の特徴に強い違和感があるので外性器を除去する手術を受けたりする人がいる。

このように、性別のあり方がマジョリティ（多数派）とは異なる人たちを総称して「**トランスジェンダーの人たち**（transgender people）」（以下「トランスの人たち」）と呼ぶ。調査によって少しずつ違うものの、国内外の調査を総合すれば、少なくとも人口の 0.4〜0.6 ％くらいがトランスジェンダーであると推定されている。一見すると少なく見えるが、約 200 人に 1 人と考えれば、実際にはかなりの数だ（trans101.jp はじめてのトランスジェンダー　2021）。

なお、トランスの人の中には、法的に登録された性別とは異なる性別で生活するようになる人がいるが、そうした人たちは法律に則って戸籍の性別を訂正することもできる。そうした法律は一般に「**性別承認法**」と呼ばれるが、日本でそのような法律に従って戸籍の性別を変えた人は、2022 年までに 1.1 万人を超える（『日本経済新聞』2024 年 2 月 8 日）。

さまざまな トランスジェンダー	

トランスの人たちは、大多数の人たちとは性別のあり方が違う。「生まれたときに判定された性別」と「性同一性」が違っていたり、「公的書類の性別」と「生活上の性別」が食い違っていたり、「性別にまつわる身体の特徴」との向き合い方が違っていたりする（周司・髙井 2023）。そのうち、生まれたときの判定は「女性」だったが、男性としての性同一性をもっていたり、生活実態や身体のあり方を「男性」へと寄せていく人たちを「トランスジェンダー男性」と呼ぶ。反対に「男性」として最初に登録されたのち、「女性」としての性同一性を得たり、「女性」へと身体や生活をシフトさせていく人を「トランスジェンダー女性」と呼ぶ。

他方で、男・女いずれかの性同一性を安定してもつわけではない人たちを総称して「ノンバイナリー」と呼ぶ。ノンバイナリーも、概念的にはトランスジェンダーに含まれる。なお日本では、ノンバイナリーとおおむね同じようなアイデンティティを指すために、「X ジェンダー」という言葉が使われてきた歴史がある。信頼できる調査によれば、トランスジェンダーの女性・男性がそれぞれ調査地域全人口の約 0.1 ％、ノンバイナリーの人が約 0.2〜0.3 ％くらいいるとされる（Office for National Statistics　2023）。

ワーク 2

これまで観たことのある映画やドラマ、読んだことのある漫画や小説で、トランスジェンダーの登場人物はどれくらい出てきただろう。また、それらの登場人物はどのように描かれていただろうか。トランスジェンダーの当事者の人たちからの批判や評価もあれば、それも調べつつ考えてみよう。

3 トランスジェンダーの構造的排除

トランスジェンダーの困難　　トランスの人たちは、この社会にたしかに生きている。トランスジェンダー（transgender）という言葉は、20 世紀以降にアメリカで使われはじめ、世界的に広がった言葉だが、どのような時代・地域にも、性別のあり方が多数派とは違う人たちは存在してきた。にもかかわらず、私たちの生きる社会は依然として、トランスジェンダーでない人たちを前提としてデザインされている。なお、そのようにトランスではない人たちは「**シスジェンダー**（cisgender）」（以下「シス」）と形容される。

　本章の最初で、あなたの身分証の性別が書き換わったとしたら、という想像をしてもらった。自分の性同一性や、生活している性別と、身分証など書類に記録された性別が食い違っている人は現実にいる。しかしその存在は、社会で基本的には想定されていない。そのためそうした「食い違い」のある人たちは、病院や投票所で不快な思いをしたり、就活で大きな困難に直面したりする。これは、少なからぬトランスの人たちが経験している困難である。

　他にもトランスの人には、性別と結びつくことのある身体の特徴に強い違和感を覚え、それらに医学的に介入することを望む人がいる。しかしそれらの手術にはほとんどすべて健康保険が適用されず、100 万円を超えることも多い手術費用を自己負担しなければならない。「トランスの人たちが生きている」という前提が社会で共有されていないために、医療・教育・就労などのさまざまな領域で、トランスの人たちは困難に直面しがちなのである。

構造的な排除とトラン
スジェンダー「問題」

このような困難は、構造的な排除に由来する。なお、ここで排除が「構造的」であるとは、具体的な誰かの悪意や暴力がないとしても、トランスの人たちを「いないことにする」社会のデザイン上の欠陥によって、排除が生まれているということである。

そうした排除は、さまざまな社会的困難としてデータにも表れる。たとえば2020年に国内で実施された調査（虹色ダイバーシティほか 2020）によれば、トランスジェンダーの17.3％は仕事をしていなかった。この割合はシスジェンダー異性愛者（5.7％）の3倍である。在職しているが病気、出産、育児などで休職中の人も3.8％おり、その割合はシスジェンダーの異性愛者の2倍強である。

こうした数字の背景には、就労現場からの排除がある。トランスの人たちは、生活実態と住民票の性別が食い違うために内定を取り消されたり、典型的な「女性／男性の外見」でないという理由で、面接で不利な扱いを受けることがある。就職してからも、見た目のことで侮辱されたり、性別を変えた過去を不本意に暴かれたりするなどして、安全に働く環境を妨げられることがある（『朝日新聞』2019年8月29日）。

結果として、貧困状態にある人も多い。同じ調査では、トランス男性の34.3％、トランス女性の34.8％が年収200万円以下だった。この数字はシスジェンダー異性愛女性で19.1％、同じくシス異性愛男性で4.7％であるため、シスとトランスでは大きな違いがある（シスの男女にある女性差別の存在ももちろん無視できない）。

病院でも、トランスの人たちは排除を経験する。保険証の性別が見た目と食い違うことで心ない言葉をかけられたり、「ホルモン治療をしている人は診察できない」と診療拒否に遭うことがある。結果として2023年の調査では、トランス女性の33.8％、トランス男性の43.7％が「体調不良でも医療機関に行くことを我慢した経験がある」と答えている（ライフネット生命保険株式会社 2023）。別の調査でも、医療サービスを利用した際に性別に関連した困難を経験したことのあるトランス男性・女性は8割に上り、約4割のトランスの人が、体調が悪くても病院に行けなくなったと回答した（ReBit 2023）。

健康に関連して、メンタルヘルスの状況も深刻である。2019年に実施された調査では、深刻な心理的苦痛を感じている可能性のあるトランスジェンダー

の割合は 18.8 ％だった。これはシス異性愛男性では 6.9 ％であり、約 3 倍にのぼる。自殺について考えたり、自殺をほのめかす行動をとったことのある人の割合は、シス異性愛者の 5 倍。「自殺を図った」ことのある人の割合も、同じく 10 倍だった（釜野ほか 2019）。メンタルヘルスが悪化するきっかけは、教育や就労からの排除、家族からの拒絶など人それぞれ違うが、個人の問題ではすまされない構造的な問題がここにはある（フェイ 2022）。

　トランスの人びとに対しては、社会における性別の秩序を脅かし、「問題」を生み出す存在であるとする言説が依然として強くはびこっている。しかし実際には、シスジェンダーを前提とする社会の仕組みによって、トランスの人たちは構造的な排除を経験している。「問題」を起こしているのはむしろ、シス中心的な世の中の仕組みなのである。

グループワーク

　トランスジェンダーの人が法的に登録された性別を書き換えられるようにする法律は、第 2 節で触れたように「性別承認法」と呼ばれる。日本に存在する性別承認法について、これまでに下った裁判の判決やその論理を参考にしつつ、その問題点を調べてみよう。

4　トランスジェンダー包摂的な社会へ

ジェンダー規範と
トランスジェンダー

　トランスの人たちが被るこうした構造的な排除をなくすには、どうすればよいだろうか。

　ひとつには、男性らしさ・女性らしさについての規範（ジェンダー規範）を社会全体で弱めていく必要がある。性別を移行するトランスの人たちは、しばしば「声の高さや見た目がその性別らしくない」という理由で差別を受けるなど、ジェンダー規範に苦しめられているからだ。シスジェンダーの男女を基準に考えられ、女性差別の大きな柱ともなっている「性別らしさ」の押しつけは、トランスの人たちにはシスの人たちよりも深刻な害をもたらすことが知られている。

**女性差別と
トランスジェンダー**

　2つ目として、女性差別をなくすことも当然重要である。本人の性同一性がどうであれ、周囲から「女性」としてあつかわれる限り、女性差別からは逃れられない。そこには、性別を移行したトランス女性だけでなく、「女性」扱いを受けているトランス男性やノンバイナリーの人も含まれる。

　ただし、トランス女性とシス女性が受けている差別がまったく同じではないことには注意が必要だ（セラーノ 2023）。トランスジェンダーに対する世の中の偏見が、わいせつな発言を投げかける心理的ハードルを下げたり、トランスの女性に対する性的暴行を増幅させる原因につながることは少なくない（『朝日新聞』2022 年 9 月 8 日）。

　翻っていえば、女性が女性であるがゆえに受ける差別や、男性が男性であるがゆえに経験する生きづらさを考えるにあたって、シスジェンダーの男女だけを念頭に置いて考えることはできない。周囲から女性として認識されたり、身分証に女性と登録されることで被る差別は、たしかに存在する。しかし、そのような女性としての境遇に加えて、トランスジェンダーであることは、その人が被る「女性差別」そのものの内実を変質させ、より苛烈にすることがある。先ほどあげたデータに、それがまさに表出している。そのため必要なのは、インターセクショナリティ（差別の交差性）という視点である。

　「性別」が大きな意味を付与され、性差にもとづく抑圧（女性差別）が生まれている現在の社会で、そもそも「性別」とはどのようなものでありうるか。トランスジェンダーの人たちは、そうしたジェンダーの力学に翻弄される存在でありつつも、ジェンダーについて考えようとする私たちすべての人に対して、貴重な視座と重要な批判的問いを投げかけつづけている。

（トランス）ジェンダーとセクシュアリティ

　トランスの人たちは、性別のあり方が多数派とは異なるという点で、性的マイノリティである。しかしトランスの人たちは、性的指向の点でもしばしばマイノリティ的な状況に置かれる。

　たとえば、トランス男子の中学生が同級生の女性を好きになるとする。本人が男性としての自己同一性に自覚的であるとしても、ないとしても、その人は外形上「女性同性愛」的な状況に置かれることが多く、実際ある時期まではレズビアンを自認するトランス男性も少なくない。またノンバイナリーの人が、女性や男性を好きになるとき、その人は「異性愛者」としても「同性愛者」としても自分を理解しにくい。ほかにも、性器の特徴が「ふつうの女性・男性」とは違うとか、生殖能力が「ふつうではない」もしくは「ない」といった理由で、性愛や恋愛の文脈から排除されるトランスの人は多い。

　性自認（性同一性）と性的指向はたしかに別の概念だが、トランスの人たちを見ればわかるように、ジェンダーとセクシュアリティを切り離すことはできない。

キーワード

トランスジェンダー／シスジェンダー

　　出生時に登録された性別、性別と結びつきがちな身体の特徴の受け入れ方、性同一性、生活する性別、法的に登録された性別など、「性別」の複層的な要素が人生において一貫して「女性」もしくは「男性」で安定している人をシスジェンダーと呼ぶ。対して、それらに「食い違い」を経験する、もしくは経験したことのある人をトランスジェンダーと形容する。端的にいえば、生まれたときから課せられる「女性として／男性として死ぬまで生きてください」という周囲からの期待にそむくに至った人たちが、トランスジェンダーである。トランスの人たちの中には、そうした「食い違い」を解消するために身体を治療したり、生活上の性別を移行したり、法的な登録を訂正したりする人がいる。

性別承認法

　　性別移行の結果として、基本的な生活上の性別が変わり、法的に登録された性別と齟齬が生まれるに至ったトランスジェンダーの人たちが、法的に登録された性別を訂正するための法律。日本には 2003 年成立の「性同一性障害者の性別の取扱いの特例に関する法律」が存在するが、トランスの人たちの人権を制約・侵害する内容を含んでおり、問題が指摘されつづけている。

ブックガイド

周司あきら・高井ゆと里『トランスジェンダー入門』集英社、2023 年

　　トランスジェンダーとはどのような人たちなのか。性別移行はどのように進むか。構造的排除はどのように出現するか。トランスジェンダーと医療の関係、これから求められる法律、フェミニズムや男性学とトランスジェンダーの関係など。トランスジェンダーについての入門的な知識をまとめた一冊。

フェイ, S.『トランスジェンダー問題──議論は正義のために』高井ゆと里訳、明石書店、2022 年

　　トランスジェンダーの人たちに対する構造的な排除は、じつのところトランスジェンダーだけの問題ではない。資本主義社会における労働者の権利剥奪、シスジェンダーの白人男性が権力を握りつづけてきた医学の問題など、トランスの人たちを苦しめる「問題」が、他の多様なマイノリティ集団と共通の「問題」であることが明確に示される。

米沢泉美編『トランスジェンダリズム宣言──性別の自己決定権と多様な性の肯定』社会批評社、2003 年

　　現在ではそうした理解は薄れたものの、もともと「トランスジェンダー」という言葉は、自分たちの身体や生存を医学や国家の権威によって規定されることなく、自分のものとするために選ばれたものである。日本においても 90 年代以降「性同一性障害」という病理概念によってトランス的な人たちの社会的認知が進んだが、この本は当時のそうした傾向に異を唱えて「トランスジェンダリズム」を打ち出した、記念碑的著作である。

引用文献一覧

〈はじめに〉

佐々木千夏，2016「現代におけるアイヌ差別」北海道大学生活社会学研究会『「調査と社会理論」研究報告書』35, 45-70.

清水晶子，2021「「同じ女性」ではないことの希望——フェミニズムとインターセクショナリティ」岩渕功一編『多様性との対話——ダイバーシティ推進が見えなくするもの』青弓社

フリーダン，B., 2024『女らしさの神話（上・下）』岩波文庫

〈第 1 章〉

伊田広行，2004『はじめて学ぶジェンダー論』大月書店

井上輝子・上野千鶴子・江原由美子・大沢真理・加納実紀代編，2002『岩波女性学事典』岩波書店

江原由美子，2021『ジェンダー秩序（新装版）』勁草書房

落合恵美子，2019『21 世紀家族へ（第 4 版）』有斐閣選書

厚生労働省，2002「第 1 回 21 世紀出生児縦断調査の概要」2025 年 1 月 3 日取得，https://www.mhlw.go.jp/toukei/saikin/hw/syusseiji/01/kekka3.html

国税庁，2022「令和 3 年分民間給料実態統計調査」2025 年 1 月 3 日 取 得，https://www.nta.go.jp/publication/statistics/kokuzeicho/minkan2021/minkan.htm

内閣府男女共同参画局，2020「6 歳未満の子供を持つ夫婦の家事・育児関連時間」2025 年 1 月 3 日 取 得，https://www.gender.go.jp/about_danjo/whitepaper/r02/zentai/html/zuhyo/zuhyo01-c01-02-2.html

———，2022「女性の年齢階級別正規雇用比率（Ｌ字カーブ）」2025 年 1 月 3 日取得，https://www.gender.go.jp/about_danjo/whitepaper/r04/zentai/html/zuhyo/zuhyo02-10.html

———，2023「6 歳未満の子供を持つ妻・夫の家事関連時間及び妻の分担割合の推移」2025 年 1 月 3 日 取 得，https://www.gender.go.jp/about_danjo/whitepaper/r05/zentai/pdf/r05_tokusyu.pdf

バトラー，J., 2018『ジェンダー・トラブル——フェミニズムとアイデンティティの攪乱　新装版』竹村和子訳，青土社

フックス，b., 2020『フェミニズムはみんなのもの——情熱の政治学』堀田碧訳，エトセトラブックス

前川直哉，2011『男の絆——明治の学生からボーイズ・ラブまで』筑摩書房

文部科学省，2018「第 16 回 21 世紀出生児縦断調査（平成 13 年出生児）の概況」2025 年 1 月 3 日取得，https://www.mext.go.jp/b_menu/toukei/chousa08/21seiki/kekka/__icsFiles/afieldfile/2018/09/28/1408263_002_1_1.pdf

山口一男，2017『働き方の男女不平等』日本経済新聞出版社

〈第 2 章〉

伊藤昌亮，2022『炎上社会を考える——自粛警察からキャンセルカルチャーまで』中公新書ラクレ

井上輝子，2009「メディアが女性をつくる？　女性がメディアをつくる？」井上輝子ほか編『表現とメディア（新編 日本のフェミニズム 7）』岩波書店

井上輝子・上野千鶴子・江原由美子・大沢真理・加納実紀代編，2002『岩波女性学事典』岩波書店

江原由美子，2021『ジェンダー秩序（新装版）』勁草書房

江原由美子，2024「ジェンダー研究の流れ（日本）」ジェンダー事典編集委員会編『ジェンダー事典』丸善書店

加藤春恵子，2009「性別分業批判・らしさ固定批判・性的対象物批判」井上輝子ほか編『表現とメディア（新編 日本のフェミニズム 7）』岩波書店

行動する会記録集編集委員会編，1999『行動する女たちが拓いた道——メキシコからニューヨークへ』未来社

小宮友根，2019「表象はなぜフェミニズムの問題になるのか」『世界』2019 年 5 月号

「性的マイノリティについての意識：2019 年（第 2 回）全国調査」調査班，2020「「性的マイノリティについての意識——2019 年（第 2 回）全国調査」報告会」2025 年 1 月 3 日取得，https://alpha.shudo-u.ac.jp/~kawaguch/2019chousa.pdf

瀬地山角，2020『炎上 CM でよみとくジェンダー論』光文社新書

Change.org, 2015「三重県志摩市公認萌えキャラクター「碧志摩メグ」の公認撤回を求める署名運動」2025 年 1 月 10 日取得，https://change.org/p/%E5%BF%97%E6%91%A9%E5%B8%82%E5%85%AC%E8%AA%8D%E8%90%8C%E3%81%88%E3%82%AD%E3%83%A3%E3%83%A9%E3%82%AF%E3%82%BF%E3%83%BC-%E

7%A2%A7%E5%BF%97%E6%91%A9%E3%83%
A1%E3%82%B0-%E3%81%AE%E5%85%AC%E
8%AA%8D%E6%92%A4%E5%9B%9E%E3%82%
92%E6%B1%82%E3%82%81%E3%82%8B%E7%
BD%B2%E5%90%8D%E6%B4%BB%E5%8B%95

松岡宗嗣, 2021「バラエティー番組の暴力性——性的マイノリティをめぐる表現から」青弓社編集部編『「テレビは見ない」というけれど——エンタメコンテンツをフェミニズム・ジェンダーから読む』青弓社

守如子, 2022「「女性とメディア」研究から「ジェンダーとメディア」研究へ——「炎上」を手がかりに」『マス・コミュニケーション研究』100, 13-21.

〈第3章〉

NHK, 2015「LGBT 当事者アンケート——2600人の声から」2024 年 10 月 3 日取得, https://www.nhk.or.jp/d-navi/link/lgbt/

倉敷市教育委員会, 2017「人権教育実践資料2 性の多様性を認め合う児童生徒の育成Ⅰ」2024 年 12 月 25 日 取 得, https://www.okayama-ebooks.jp/?post_type=bookinfo&p=16361

————, 2018「人権教育実践資料3 性の多様性を認め合う児童生徒の育成Ⅱ」2024 年 12 月 25 日 取 得, https://www.okayama-ebooks.jp/?post_type=bookinfo&p=16360

新ヶ江章友, 2022『クィア・アクティビズム——はじめて学ぶ〈クィア・スタディーズ〉のために』花伝社

内閣府, 2012「自殺総合対策大綱——誰も自殺に追い込まれることのない社会の実現を目指して」2024 年 12 月 25 日 取 得, https://www.mhlw.go.jp/content/001000844.pdf

西原和久, 2021「マイノリティと差別との根を問う」西原和久・杉本学編『マイノリティ問題から考える社会学・入門——差別をこえるために』有斐閣

堀川修平, 2022『気づく 立ちあがる 育てる——日本の性教育史におけるクィアペダゴジー』エイデル研究所

————, 2023『「日本に性教育はなかった」と言う前に——ブームとバッシングのあいだで考える』柏書房

松岡宗嗣, 2021『あいつゲイだって——アウティングはなぜ問題なのか?』柏書房

文部科学省, 2010「児童生徒が抱える問題に対しての教育相談の徹底について」2024 年 12 月 25 日 取 得, https://www.mext.go.jp/a_menu/shotou/jinken/sankosiryo/1348938.htm

————, 2013「学校における性同一性障害に係

る対応に関する状況調査について」2024 年 12 月 25 日取得, https://www.mext.go.jp/component/a_menu/education/micro_detail/__icsFiles/afieldfile/2016/06/02/1322368_01.pdf

————, 2015「性同一性障害に係る児童生徒に対するきめ細かな対応の実施等について」2024 年 12 月 25 日 取得, https://www.mext.go.jp/b_menu/houdou/27/04/1357468.htm

————, 2016「性同一性障害や性的指向・性自認に係る、児童生徒に対するきめ細かな対応等の実施について（教職員向け）」2024 年 12 月 25 日 取 得, https://www.mext.go.jp/b_menu/houdou/28/04/__icsFiles/afieldfile/2016/04/01/1369211_01.pdf

————, 2021「令和2年度 児童生徒の問題行動・不登校等生徒指導上の諸課題に関する調査結果について」2025 年 2 月 6 日取得, https://www.mext.go.jp/content/20211007-mxt_jidou01-100002753_1.pdf

ReBit, 2022a【調査速報】10 代 LGBTQ の 48 ％が自殺念慮、14 ％が自殺未遂を過去1年で経験。全国調査と比較し、高校生の不登校経験は 10 倍にも。しかし、9 割超が教職員・保護者に安心して相談できていない。」2024 年 10 月 3 日 取 得, https://prtimes.jp/main/html/rd/p/000000031.000047512.html

————, 2022b【生徒 1.2 万人・教職員 1500人調査】LGBTQ について小学校までに教える必要があると回答した。小学校教職員は 97.9 ％。友人等からカミングアウトを受けた経験がある中学生は、1 クラスに約 3 人。」2024 年 10 月 3 日取得, https://prtimes.jp/main/html/rd/p/000000046.000047512.html

〈第4章〉

上野千鶴子, 2009「「セクシュアリティの近代」を超えて」天野正子ほか編『セクシュアリティ（新編 日本のフェミニズム6）』岩波書店

ウルフ, N., 1994『美の陰謀——女たちの見えない敵』曾田和子訳, TBS ブリタニカ

北村匡平, 2021「男性身体とルッキズム」『現代思想』49（13）, 117-126

劇団雌猫, 2018『だから私はメイクする——悪友たちの美意識調査』柏書房

小林盾, 2020『美容資本——なぜ人は見た目に投資するのか』勁草書房

西倉実季, 2019「美的労働（aesthetic labour）概念が提起するもの」『女性学』26, 72-81

————, 2021「「ルッキズム」概念の検討——外見にもとづく差別」『和歌山大学教育学部紀要（人文科学）』71, 147-154

―――――, 2023「ルッキズム研究の地平――外見に基づく差別について」『社会福祉研究』147, 30-36

ハキム, C., 2012『エロティック・キャピタル――すべてが手に入る自分磨き』田口未和訳, 共同通信社

ハマーメッシュ, D.S., 2015『美貌格差――生まれつき不平等の経済学』望月衛訳, 東洋経済新報社

ボーヴォワール, S., 2023『決定版 第二の性 II 体験（上）』『第二の性』を原文で読み直す会訳, 河出文庫

Bartky, S. L., 1990, *Femininity and Domination : Studies in the Phenomenology of Oppression*, Routledge.

Bordo, S., 1997, *Twilight Zones : The Hidden Life of Cultural Images from Plato to O.J.*, University of California Press.

Davis, K., 1995, *Reshaping the Female Body : The Dilemma of Cosmetic Surgery*, Routledge.

Mears, A., 2014, "Aesthetic Labor for the Sociologies of Work, Gender, and Beauty", *Sociology Compass*, 8 (12), 1330-1343.

Tietje, L. & Cresap, S., 2005, "Is Lookism Unjust? : The Ethics of Aesthetics and Public Policy Implications", *Journal of Libertarian Studies*, 19 (2), 31-50.

Warhurst, C. & Nickson, D. 2020, *Aesthetic Labour*, Sage.

〈第5章〉

浅井春夫, 2020『包括的性教育――人権, 性の多様性, ジェンダー平等を柱に』大月書店

岩崎直子, 2009a「男児／男性の受ける性的行為に関する意識調査」『小児の精神と神経』49 (4), 347-354

―――――, 2009b「男児／男性の受ける性被害についての『レイプ神話』に関する大学生意識調査」『小児の精神と神経』49 (4), 355-362

上野行良, 1993「ユーモアに対する態度と攻撃性及び愛他性との関係」『心理学研究』64 (4), 247-254

上野千鶴子, 2010『女ぎらい――ニッポンのミソジニー』紀伊國屋書店

江原由美子, 2021『ジェンダー秩序（新装版）』勁草書房

太田啓子, 2020『これからの男の子たちへ――「男らしさ」から自由になるためのレッスン』大月書店

葛西真記子・吉田亜里咲, 2017「中高生の性的いじめの現状 ―― 教員と学生へのインタビュー調査から」『鳴門教育大学研究紀要』32, 226-236

片岡洋子, 2023「人権の要としての「同意」」『教育』925, 5-10

片田孫朝日, 2014『男子の権力』京都大学学術出版会

白岩玄・田中俊之, 2023「男性が「本音や弱音を吐きづらい」社会の問題点」『東洋経済オンライン』2023年11月21日取得, https://toyokeizai.net/articles/-/682885

セジウィック, E.K., 2001『男同士の絆――イギリス文学とホモソーシャルな欲望』上原早苗・亀澤美由紀訳, 名古屋大学出版会

高橋惠子・湯川隆子, 2008「ジェンダー意識の発達――男らしさもつくられる」柏木惠子・高橋惠子編『日本の男性の心理学――もう1つのジェンダー問題』有斐閣

西井開, 2023「男子集団の社会病理を把握する――暴力, 失語, ホモソーシャル」『臨床心理学』23 (3), 284-288

野坂祐子, 2004『高校生の性暴力被害実態調査』財団法人女性のためのアジア平和国民基金（アジア女性基金）2023年11月21日取得, https://www.awf.or.jp/6/02-4.html

―――――, 2018「性教育を考える――性暴力と性教育」『教育と医学』66 (2), 162-170

葉山大地・櫻井茂男, 2008「過激な冗談の親和的意図が伝わるという期待の形成プロセスの検討」『教育心理学研究』56 (4), 523-533

日高庸晴, 2020「学校で配慮と支援が必要なLGBTsの子どもたち」独立行政法人教職員支援機構, 2023年11月21日取得, https://www.nits.go.jp/materials/intramural/087.html

PwCコンサルティング合同会社, 2024『令和5年度厚生労働省委託事業 職場のハラスメントに関する実態調査報告書』2024年11月18日取得, https://www.mhlw.go.jp/content/11200000/001256079.pdf

ベル, J.C. 作, 2021『はじめにきいてね, こちょこちょモンキー！――同意と境界, はじめの1歩』トンプキンズ, A. 絵, 上田勢子・堀切リエ訳, こどもの未来社

前川直哉, 2011『男の絆――明治の学生からボーイズ・ラブまで』筑摩書房

三上純, 2020「運動部活動におけるホモソーシャリティの形成」『スポーツとジェンダー研究』18, 20-34

―――――, 2022「運動部活動におけるミソジニスティック／ホモフォビックな会話と性差別意識」『女性学』29, 76-104

宮崎浩一・西岡真由美, 2023『男性の性暴力被害』集英社新書

村瀬幸浩, 2014『男子の性教育――柔らかな関

係づくりのために』大修館書店

桃山商事, 2021『どうして男は恋人より男友達を優先しがちなのか』イースト・プレス

森田ゆり作, 2007『あなたが守るあなたの心・あなたのからだ』平野恵理子絵, 童話館出版

〈第6章〉

氏原陽子, 1996「中学校における男女平等と性差別の錯綜──二つの「隠れたカリキュラム」レベルから」『教育社会学研究』58, 29-45

大隅典子, 2013「なぜ理系に進学する女子が少ないか」『PRESIDENT Online』2024年9月19日取得, https://president.jp/articles/-/11293?page=1

木村涼子, 2005「第4章 教育における「ジェンダー」の視点の必要性──「ジェンダー・フリー」が問題なのか」木村涼子編『ジェンダー・フリー・トラブル──バッシング現象を検証する』白澤社

国立教育政策研究所, 2019『OECD生徒の学習到達度調査（PISA）──2018年調査国際結果の要約』2024年2月26日取得, https://www.nier.go.jp/kokusai/pisa/pdf/2018/03_result.pdf

国立女性教育会館, 2019『「学校教員のキャリアと生活に関する調査」結果の概要』2024年9月19日取得, https://nwec.repo.nii.ac.jp/records/18821

ジェーン・スー, 2023『闘いの庭 咲く女──彼女がそこにいる理由』文藝春秋

多賀太, 2012「ジェンダーとカリキュラム」酒井朗・多賀太・中村高康編『よくわかる教育社会学』ミネルヴァ書房

東工大ニュース, 2022「東京工業大学が総合型・学校推薦型選抜で143人の「女子枠」を導入」2024年9月19日取得, https://www.titech.ac.jp/news/2022/065237

東大新聞オンライン, 2022「東大, 女性リーダー育成へ新施策発表──女性教員300人採用も」2024年2月26日取得, https://www.todaishimbun.org/joseileader_20221127/

浜村彰・唐津博・青野覚・奥田香子, 2020『ベーシック労働法（第8版）』有斐閣アルマ

舞田敏彦, 2021「女子の理系学力を「ムダ」にしている日本社会」『ニューズウィーク日本版』2024年2月26日取得, https://www.newsweekjapan.jp/stories/world/2021/04/post-96119.php

森永康子・坂田桐子・古川善也・福留広大, 2017「女子中高生の数学に対する意欲とステレオタイプ」『教育心理学研究』65(3), 375-387

文部科学省, 2018,「学校基本調査（平成30年度）」2025年2月2日取得, https://www.e-stat.go.jp/stat-search/files?page=1&toukei=00400001&tstat=000001011528&year=20180&metadata=1&data=1

───, 2021「学校基本調査（令和3年度）」2024年9月19日取得, https://www.e-stat.go.jp/stat-search/files?page=1&toukei=00400001&tstat=000001011528&tclass1=000001161251

───, 2024,「学校教員統計調査（令和4年度）」2025年2月2日取得, https://www.e-stat.go.jp/stat-search/files?page=1&toukei=00400003&tstat=000001016172&tclass1=000001216346

リベルタス・コンサルティング, 2018『「女子生徒等の理工系進路選択支援に向けた生徒等の意識に関する調査研究」調査報告書』2024年2月26日取得, https://www.gender.go.jp/research/kenkyu/pdf/girls-course_h29.pdf

〈第7章〉

飯田貴子, 2018「スポーツとジェンダー・セクシュアリティ」飯田貴子・熊安貴美江・來田享子編『よくわかるスポーツとジェンダー』ミネルヴァ書房

井谷聡子, 2021「スポーツにおける性別二元制と高アンドロゲン症規定」『スポーツとジェンダー研究』19, 22-26

江原由美子, 2021『ジェンダー秩序（新装版）』勁草書房

小川眞里子, 2008「科学史からみた性差」日本学術会議事務局編『性差とは何か──ジェンダー研究と生物学の対話（学術会議叢書14）』日本学術協力財団

北村英哉, 2020「日本語版序文」スティール, C.『ステレオタイプの科学──「社会の刷り込み」は成果にどう影響し, わたしたちは何ができるのか』藤原朝子訳, 英治出版

笹川スポーツ財団, 2022『2022年度調査報告書 中央競技団体現況調査』2024年4月5日取得, https://www.ssf.or.jp/files/NF2022cp_full.pdf

高峰修, 2018「量的調査」飯田貴子・熊安貴美江・來田享子編『よくわかるスポーツとジェンダー』ミネルヴァ書房

建石真公子, 2018「スポーツにおける両性の「平等」と「公正」とは」飯田貴子・熊安貴美江・來田享子編『よくわかるスポーツとジェンダー』ミネルヴァ書房

日本スポーツとジェンダー学会編, 2016『データでみるスポーツとジェンダー』八千代出版

ネグサ, A./ミトラ, P./井谷聡子, 2021「アネット・ネグサへのインタビュー」『スポーツとジェンダー研究』19, 36-44

ボイコフ, J., 2018『オリンピック秘史──120年

の覇権と利権』中島由華訳，早川書房

Aizenman, N., 2023, "Men are Hunters, Women are Gatherers. That was the Assumption. A New Study Upends It", NPR, 2023 年 11 月 23 日取得, https://www.npr.org/sections/goatsandsoda/2023/07/01/1184749528/men-are-hunters-women-are-gatherers-that-was-the-assumption-a-new-study-upends-i

Denison, N., 2023, "Marathon Swimming : Where Women Have Outperformed the Men", Swimming World.com, 2023 年 11 月 20 日 取 得, https://www.swimmingworldmagazine.com/news/marathon-swimming-where-women-have-outperformed-the-men/

IOC（International Olympic Committee）, 2024, "#GenderEqualOlympics : advancing gender equality beyond the field of play", 2024 年 4 月 5 日取得, https://olympics.com/ioc/news/gendrequalolympics-advancing-gender-equality-beyond-the-field-of-play

OHCHR（Office of the United Nations High Commissioner for Human Rights）, 2020, "A/HRC/44/26 : Intersection of race and gender discrimination in sport-Report of the United Nations High Commissioner for Human Rights", 2023 年 11 月 20 日取得, https://www.ohchr.org/en/documents/thematic-reports/ahrc4426-intersection-race-and-gender-discrimination-sport-report-united

Vertinsky, P. A., 1994, *The Eternally Wounded Woman : Women, Doctors, and Exercise in the Late Nineteenth Century,* University of Illinois Press

WMA (World Medical Association), 2019, "WMA Urges Physicians Not to Implement IAAF Rules on Classifying Women Athletes", 2023 年 11 月 20 日取得, https://www.wma.net/news-post/wma-urges-physicians-not-to-implement-iaaf-rules-on-classifying-women-athletes/

〈第 8 章〉

井上輝子・上野千鶴子・江原由美子・大沢真理・加納実紀代編，2002『岩波女性学事典』岩波書店

牛窪恵，2015『恋愛しない若者たち──コンビニ化する性とコスパ化する結婚』ディスカヴァー・トゥエンティワン

エスピン-アンデルセン，G.，2008『アンデルセン，福祉を語る──女性・子ども・高齢者』林昌宏訳，NTT 出版

NHK，2021「Vol. 23　ジェンダー "社会の本音" は？　NHK 世論調査より①」2025 年 1 月 3

日 取 得, https://www.nhk.or.jp/minplus/0029/topic023.html

落合恵美子，2019『21 世紀家族へ──家族の戦後体制の見かた・超えかた（第 4 版）』有斐閣選書

厚生省人口問題審議会，1997「少子化に関する基本的考え方について──人口減少社会，未来への責任と選択」2025 年 1 月 3 日取得, https://www.mhlw.go.jp/www1/shingi/s1027-1.html

国立社会保障・人口問題研究所，2023『現代日本の結婚と出産──第 16 回出生動向基本調査（独身者調査ならびに夫婦調査）報告書』2024 年 10 月 13 日取得, https://www.ipss.go.jp/ps-doukou/j/doukou16/JNFS16_ReportALL.pdf

子ども家庭庁，2020「少子化社会対策大綱──新しい令和の時代にふさわしい少子化対策へ」2024 年 10 月 13 日取得, https://www.cfa.go.jp/assets/contents/node/basic_page/field_ref_resources/834d4ee3-212d-4f35-aefa-6b795ebc913a/452ed544/20230522_councils_shingikai_kihon_seisaku_JapZTAT7_08.pdf

阪井裕一郎，2024『結婚の社会学』ちくま新書

柴田悠，2024「「未婚女性の理想と現実」を直視し「男性の（働き方の効率化による）労働時間短縮」を進めよ」(yahoo ニュース 2024 年 2 月 20 日) 2024 年 10 月 13 日取得, https://news.yahoo.co.jp/expert/articles/1a808ba4a11acf8aeb740f5e8cc1bf6aecfe4862

総務省，2015「労働力調査」2024 年 10 月 20 日取得, https://empowerment.tsuda.ac.jp/detail/19699

谷本奈穂・渡邉大輔，2019「ロマンティックラブ・イデオロギーとロマンティックマリッジ・イデオロギー──変容と誕生」小林盾・川端健嗣編『変貌する恋愛と結婚──データで読む平成』新曜社

内閣府，2009「男女共同参画社会に関する世論調査（平成 21 年 10 月調査）」2024 年 10 月 20 日取得, https://survey.gov-online.go.jp/h21/h21-danjo/2-2.html

内閣府男女共同参画局，2005「少子化と男女共同参画に関する社会環境の国際比較報告書」2025 年 1 月 3 日取得, https://www.gender.go.jp/kaigi/senmon/syosika/houkoku/pdf/yousi.pdf
────，2018「子供の出生年別第 1 子出産前後の妻の就業経歴」2025 年 1 月 3 日取得, https://www.gender.go.jp/about_danjo/whitepaper/h30/zentai/html/zuhyo/zuhyo01-03-07.html

西山千恵子・柘植あづみ編，2017『文科省／高校「妊活」教材の嘘』論創社

林雄亮，2018「青少年の性行動・性意識の趨勢」林雄亮編『青少年の性行動はどう変わってきたか──全国調査にみる40年間』ミネルヴァ書房

藤波匠，2023『なぜ少子化は止められないのか』日経プレミアシリーズ

藤本由香里，2008『私の居場所はどこにあるの？──少女マンガが映す心のかたち』朝日文庫

牧村朝子，2017『百合のリアル（増補版）』小学館

山田昌弘，2017「日本の結婚のゆくえ──困難なのか，不要なのか」比較家族史学会監修，平井晶子ほか編『出会いと結婚（家族研究の最前線2）』日本経済評論社

〈第9章〉

上野千鶴子，2020『近代家族の成立と終焉（新版）』岩波現代文庫

岡野八代，2012『フェミニズムの政治学──ケアの倫理をグローバル社会へ』みすず書房

落合恵美子，2019『21世紀家族へ──家族の戦後体制の見かた・超えかた（第4版）』有斐閣選書

片岡佳美，2009「家族の定義づけ」野々山久也編『論点ハンドブック　家族社会学』世界思想社

キテイ，E. F.，2023『愛の労働あるいは依存とケアの正義論（新装版）』牟田和恵・岡野八代監訳，白澤社

栗山直子，2020『子ども虐待防止支援の実証分析──近代家族イデオロギーを超えて』ミネルヴァ書房

厚生労働省，2023「2022（令和4）年　国民生活基礎調査の概況」2025年1月2日取得，https://www.mhlw.go.jp/toukei/saikin/hw/k-tyosa/k-tyosa22/dl/14.pdf

総務省，2021「令和2年国勢調査──人口等基本集計結果　結果の概要」2024年10月31日取得，https://www.stat.go.jp/data/kokusei/2020/kekka/pdf/outline_01.pdf

ピクトアーツ「4人家族」2024年10月31日取得，https://pictogram-free.com/02-emotion/0114-clip-illustration.html

ファインマン，M. A.，2003『家族，積みすぎた方舟──ポスト平等主義のフェミニズム法理論』上野千鶴子監訳，穐田信子・速水葉子訳，学陽書房

──────，2009『ケアの絆──自律神話を超えて』穐田信子・速水葉子訳，岩波書店

労働政策研究・研修機構，2019「子どものいる世帯の生活状況および保護者の就業に関する調査2018（第5回子育て世帯全国調査）」2025年1月2日　取　得，https://www.jil.go.jp/institute/research/2019/192.html

──────，2024「専業主婦世帯と共働き世帯」2025年1月2日　取　得，https://www.jil.go.jp/kokunai/statistics/timeseries/html/g0212.html

〈第10章〉

内山絢子，2000「性犯罪被害の実態（3）──性犯罪被害調査をもとにして」『警察学論集』53（5），164-180

江原由美子，2007「ジェンダー概念の有効性について」辻村みよ子編『ジェンダーの基礎理論と法』東北大学出版会

警察庁，2023『犯罪統計書　令和4年の犯罪』2024年12月30日取得，https://www.npa.go.jp/toukei/soubunkan/R04/pdf/R04_ALL.pdf

齋藤梓・大竹裕子編，2020『性暴力被害の実際──被害はどのように起き，どう回復するのか』金剛出版

東京都，2023「令和5年度　痴漢被害実態把握調査報告書」2024年12月30日取得，https://www.chikanbokumetsu.metro.tokyo.lg.jp/pdf/report-02.pdf

内閣府男女共同参画局，2020「「性犯罪・性暴力被害者のためのワンストップ支援センターを対象とした支援状況等調査」報告書」2024年12月30日　取　得，https://www.gender.go.jp/policy/no_violence/e-vaw/chousa/r02_top.html

──────，2022「若年層の性暴力被害の実態に関するオンラインアンケート及びヒアリング結果報告書」2024年12月30日取得，https://www.gender.go.jp/policy/no_violence/e-vaw/chousa/r04_houkoku.html

法務総合研究所，2020『研究部報告61　第5回犯罪被害実態（暗数）調査──安全・安心な社会づくりのための基礎調査』2024年12月30日取得，https://www.moj.go.jp/content/001316208.pdf

牧野雅子，2019『痴漢とはなにか──被害と冤罪をめぐる社会学』エトセトラブックス

宮﨑浩一・西岡真由美，2023『男性の性暴力被害』集英社新書

〈第11章〉

浅野富美枝・天童睦子編，2021『災害女性学をつくる』生活思想社

伊田広行，2018『シングル単位思考法でわかるデートDV予防学』かもがわ出版

NHK，2020a「コロナ禍　女性の雇用危機」2025

年1月3日取得，https://www.nhk.or.jp/minplus/0020/topic003.html

―――――，2020b「災害時の性被害 東日本大震災で見えてきた被災地の声」2025年1月3日取得，https://www.nhk.or.jp/minplus/0011/topic027.html

MBS，2024「生理用ナプキン「男性が1年に12枚あればと言っていた…」能登半島地震で女性医師が痛感した"理解不足"昼・夜用など備蓄あったが…置かれていたのは1種類」2025年1月3日取得，https://www.mbs.jp/news/feature/mamoru-cat1/article/2024/08/102749.shtml

厚生労働省，2021「令和3年版自殺対策白書」2025年1月9日取得，https://www.mhlw.go.jp/stf/seisakunitsuite/bunya/hukushi_kaigo/seikatsuhogo/jisatsu/jisatsuhakusyo2021.html

杉浦郁子・前川直哉，2022『「地方」と性的マイノリティ――東北6県のインタビューから』青弓社

内閣府男女共同参画局，2011「女性や子育てのニーズを踏まえた災害対応について」2025年1月3日取得，https://www.gender.go.jp/policy/saigai/pdf/saigai_21_1_2.pdf

東日本大震災女性支援ネットワーク，2015『東日本大震災「災害・復興時における女性と子どもへの暴力」に関する調査報告書（2015年1月改定ウェブ版）』2025年1月3日取得，http://risetogetherjp.org/wordpress/wp-content/uploads/2015/12/bouryokuchosa4.pdf

福島県，2024a「避難者数の推移」2025年1月3日取得，https://www.pref.fukushima.lg.jp/site/portal/hinansya.html

―――――，2024b「福島県の推計人口（令和6年9月1日現在）」2024年10月15日取得，https://www.pref.fukushima.lg.jp/sec/11045b/15846.html

フラはなの会・公益財団法人 ほくりくみらい基金・減災と男女共同参画研修推進センター・公益財団法人みらい RITA YUI みらいプロジェクト，2024『彩りあふれる能登の復興へ――令和6年能登半島地震の女性の経験と思いに関するヒアリング調査』2025年1月3日取得，https://hokuriku-mf.jp/wp/wp-content/uploads/2024/04/noto_report.pdf

前川直哉，2022「マジョリティだったり，マイノリティだったりする私――権力の誤配をただし続けていくために」松井彰彦・塔島ひろみ編『マイノリティだと思っていたらマジョリティだった件』ヘウレーカ

山下梓，2023「災害とジェンダー・セクシュアリティ」菊地夏野・堀江有里・飯野由里子編『クィア・スタディーズをひらく3――健康／病，障害，身体』晃洋書房

UN WOMEN 日本事務所，2020「女性と女児に対する暴力：陰のパンデミック（世界的大流行）-仮訳」2024年9月20日取得，https://japan.unwomen.org/ja/news-and-events/news/2020/4/violence-against-women-and-girls-the-shadow-pandemic

〈第12章〉

ピープマイヤー，A.，2011『ガール・ジン 「フェミニズムする」少女たちの参加型メディア』野中モモ訳，太田出版

Bratich, J. Z. & Brush, H. M., 2011, "Fabricating Activism : Craft-Work, Popular Culture, Gender", *Utopian Studies*, 22（2），233-260.

Crenshaw, K., 1997, "Intersectionality and Identity Politics : Learning from Violence against Women of Color", In M. L. Shanley & U. Narayan (eds.) *Reconstructing political theory : feminist perspectives,* Pennsylvania State University Press.

Greer, B. (ed.), 2014, *Craftivism：The Art of Craft and Activism*, Arsenal Pulp Press.

Huffpost, 2017, "The Problem With Pussy Hats", 2025年1月8日取得，https://www.huffpost.com/entry/the-problem-with-pussy-hats_b_58fd5e88e4b0f420ad99c96e

Munro, E., 2013, "Feminism : A fourth wave?", *The Political Studies Association*, September, 5, 2013, 2023年11月29日取得，https://www.psa.ac.uk/psa/news/feminism-fourth-wave

The New York Times, 2017, "Crowd Scientists Say Women's March in Washington Had 3 Times as Many People as Trump's Inauguration", 2025年2月10日取得，https://www.nytimes.com/interactive/2017/01/22/us/politics/womens-march-trump-crowd-estimates.html

〈第13章〉

藤原久美子，2021「周辺から問う―障害女性の運動が重視するもの（飯野由里子編集・構成）」科研費研究グループマイノリティの社会運動と政策イシュー形成過程の領域横断比較研究『マイノリティと社会運動の現在（いま） 連続公開研究会講演録』43-53

https://irdb.nii.ac.jp/00835/0005125839

ヤング，I. M.，2020『正義と差異の政治』飯田文雄・苅田真司・田村哲樹監訳，河村真実・山田祥子訳，法政大学出版局

Combahee River Collective, 1977, "A Black Feminist Statement" 2025年2月7日取得，https://americanstudies.yale.edu/sites/default/files/

files/Keyword%20Coalition_Readings.pdf

Crenshaw, K. 1989, "Demarginalizing the Intersection of Race and Sex : A Black Feminist Critique of Antidiscrimination Doctrine, Feminist Theory and Antiracist Politics", *The University of Chicago Legal Forum*, 1 (8), 139-167.

Fine, M. & Asch, A., 1988, "Disability Beyond Stigma : Social Interaction, Discrimination, and Activism", *Journal of Social Issues*, 44 (1), 3-21.

Morris, J., 1991, *Pride Against Prejudice : Transforming Attitudes to Disability*, The Women's Press.

————, 1996, *Encounters with Strangers : Feminism and Disability*, The Women's Press.

〈第 14 章〉

落合恵美子，1994『21 世紀家族へ──家族の戦後体制の見かた・超えかた』有斐閣選書

栗本敦子・伏見裕子，2024『これからの社会を生きていくためのリテラシー──高専発！書く・話す・考えるワークブック（第 2 版）』北樹出版

高史明，2015『レイシズムを解剖する──在日コリアンへの偏見とインターネット』勁草書房

スー，D.W.，2020『日常生活に埋め込まれたマイクロアグレッション──人種，ジェンダー，性的指向：マイノリティに向けられる無意識の差別』マイクロアグレッション研究会訳，明石書店

出口真紀子，2021「「特権」の概念──北米社会と白人特権の考察」坂本光代編『多様性を再考する──マジョリティに向けた多文化教育』ぎょうせい

部落解放同盟大阪府連合会女性部，2009『大阪の部落女性──アンケート調査から見えるもの』

宮前千雅子，2022「部落女性と婦人水平社」朝治武・黒川みどり・内田龍史編『戦時・戦後の部落問題（講座　近現代日本の部落問題　第 2 巻）』解放出版社

〈第 15 章〉

朝日新聞，2019「大阪の女性，勤務先提訴へ　性別変更「同意なく明かされた」」『朝日新聞』2019 年 8 月 29 日大阪夕刊

————，2022「「なんで女装…」」社員への「SOGI ハラ」，ピクシブが認めて謝罪」，2024 年 4 月 1 日取得，https://digital.asahi.com/articles/ASQ985GW9Q98UTIL01M.html

釜野さおり・石田仁・岩本健良・小山泰代・千年よしみ・平森大規・藤井ひろみ・布施香奈・山内昌和・吉仲崇，2019『大阪市民の働き方と暮らしの多様性と共生にかんするアンケート報告書（単純集計結果）』JSPS 科研費 16H03709「性的指向と性自認の人口学─日本における研究基盤の構築」・「働き方と暮らしの多様性と共生」研究チーム（代表 釜野さおり）編 国立社会保障・人口問題研究所内，2024 年 4 月 1 日取得，https://osaka-chosa.jp/files/20191108osakachosa_report.pdf

周司あきら・高井ゆと里，2023『トランスジェンダー入門』集英社新書

セラーノ，J.，2023『ウィッピング・ガール　トランスの女性はなぜ叩かれるのか』矢部文訳，サウザンブックス社

trans101.jp はじめてのトランスジェンダー，2021「トランスジェンダーはどれくらいいるのか」2024 年 4 月 1 日取得，https://trans101.jp/2021/10/30/1-5/

虹色ダイバーシティ・国際基督教大学ジェンダー研究センター，2020「niji VOICE 2019 報告書──LGBT も働きやすい職場づくり，生きやすい社会づくりのための「声」集め」2024 年 4 月 1 日　取　得，https://nijibridge.jp/wp-content/uploads/2020/11/20200125nijiVOICE_web.pdf

日本経済新聞，2024「手術なし性別変更，認める─岡山家裁支部，最高裁違憲判断受け」2024 年 4 月 1 日取得，https://www.nikkei.com/article/DGKKZO78315140X00C24A2CT0000/

フェイ，S.，2022『トランスジェンダー問題──議論は正義のために』高井ゆと里訳，明石書店

ライフネット生命保険株式会社，2023「第 3 回 LGBTQ 当事者の意識調査」2024 年 4 月 1 日取得，https://prtimes.jp/main/html/rd/p/000000074.000069919.html

ReBit，2023「LGBTQ 医療福祉調査 2023」2024 年 4 月 1 日取得，https://prtimes.jp/main/html/rd/p/000000045.000047512.html

Office for National Statistics (ONS), 2023, "Gender identity : age and sex, England and Wales : Census 2021", 2024 年 4 月 1 日取得，https://www.ons.gov.uk/peoplepopulationandcommunity/culturalidentity/genderidentity/articles/genderidentityageandsexenglandandwalescensus2021/2023-01-25

索　引

*太字は，各章のキーワード

執筆者紹介

第 1 章・第 11 章　前川　直哉（まえかわ　なおや）
　　　　　　　　奥付の編者紹介を参照

第 2 章・第 8 章　守　如子（もり　なおこ）
　　　　　　　　奥付の編者紹介を参照

第 3 章　堀川　修平（ほりかわ　しゅうへい）
　　　　埼玉大学ダイバーシティ推進センター特定プロジェクト研究員・
　　　　日本学術振興会特別研究員 PD

第 4 章　西倉　実季（にしくら　みき）
　　　　東京理科大学教養教育研究院教授

第 5 章　片田　孫 朝日（かただ そん あさひ）
　　　　灘中学校・灘高等学校公民科教諭

第 6 章　宮田　りりぃ（みやた　りりぃ）
　　　　関西大学人権問題研究室非常勤研究員

第 7 章　井谷　聡子（いたに　さとこ）
　　　　関西大学文学部教授

第 9 章　堀　あきこ（ほり　あきこ）
　　　　関西学院大学社会学部助教

第 10 章　牧野　雅子（まきの　まさこ）
　　　　四天王寺大学社会学部講師

第 12 章　井口　裕紀子（いのくち　ゆきこ）
　　　　公益財団法人京都市埋蔵文化財研究所職員

第 13 章　飯野　由里子（いいの　ゆりこ）
　　　　東京大学大学院教育学研究科特任教授

第 14 章　宮前　千雅子（みやまえ　ちかこ）
　　　　関西大学人権問題研究室委嘱研究員

第 15 章　高井　ゆと里（たかい　ゆとり）
　　　　群馬大学情報学部准教授

編者紹介

守　如子（もり　なおこ）

関西大学社会学部教授。主著に『女はポルノを読む――女性の性欲とフェミニズム』（青弓社、2010 年）、『BL の教科書』（共編著、有斐閣、2020 年）、『教養のためのセクシュアリティ・スタディーズ』（共著、法律文化社、2018 年）など。

前川　直哉（まえかわ　なおや）

福島大学教育推進機構准教授。主著に『男の絆――明治の学生からボーイズ・ラブまで』（筑摩書房、2011 年）、『〈男性同性愛者〉の社会史――アイデンティティの受容／クローゼットへの解放』（作品社、2017 年）、『「地方」と性的マイノリティ――東北 6 県のインタビューから』（共著、青弓社、2022 年）など。

基礎ゼミ　ジェンダースタディーズ

2025 年 4 月 10 日　第 1 刷発行　　　定価はカバーに
　　　　　　　　　　　　　　　　　　表示しています

編　者　　守　　　如　子
　　　　　前　川　直　哉

発行者　　上　原　寿　明

世界思想社

京都市左京区岩倉南桑原町 56　〒 606-0031
電話 075(721)6500
振替 01000-6-2908
http://sekaishisosha.jp/

© 2025 N. MORI, N. MAEKAWA　Printed in Japan

（印刷　太洋社）

落丁・乱丁本はお取替えいたします。

JCOPY <（社）出版者著作権管理機構 委託出版物>

本書の無断複写は著作権法上での例外を除き禁じられています。複写される場合は、そのつど事前に、（社）出版者著作権管理機構（電話 03-5244-5088、FAX 03-5244-5089、e-mail: info@jcopy.or.jp）の許諾を得てください。

ISBN978-4-7907-1799-7

【ワーク1】

　これまで誰かに「もっと女らしく（男らしく）したほうがいい」と言われた経験はあるだろうか。または自分で「もっと女らしく（男らしく）しなければ」と考えたことはあるだろうか。その場合の「女らしさ」「男らしさ」は具体的に何を指していたか、記憶をたどってみよう。

「もっと女らしく（男らしく）」と言われた経験：　□ある　　□ない

「もっと女らしく（男らしく）」と考えた経験　：　□ある　　□ない

（「ある」場合）「らしさ」の具体的内容：

_____

_____

_____

_____

【ワーク2】

　ジェンダー・ギャップ指数が上位の国では、どのようにして女性と男性がともに働き、ともに家事・育児などを行う社会をつくりあげているのだろうか。2〜3の国を取り上げ、インターネットなどを使い、それぞれの国で行われている政策や制度について調べてみよう。

取り上げた国1：_____

（女性と男性がともに働き、家事・育児を行うための）政策や制度：

_____

_____

_____

_____

取り上げた国 2：＿＿＿＿＿＿＿＿＿＿＿＿＿＿＿＿＿＿＿＿＿＿＿＿＿＿＿＿＿＿

（女性と男性がともに働き、家事・育児を行うための）政策や制度：

＿＿＿＿＿＿＿＿＿＿＿＿＿＿＿＿＿＿＿＿＿＿＿＿＿＿＿＿＿＿＿＿＿＿＿＿＿＿＿

＿＿＿＿＿＿＿＿＿＿＿＿＿＿＿＿＿＿＿＿＿＿＿＿＿＿＿＿＿＿＿＿＿＿＿＿＿＿＿

取り上げた国 3：＿＿＿＿＿＿＿＿＿＿＿＿＿＿＿＿＿＿＿＿＿＿＿＿＿＿＿＿＿＿

（女性と男性がともに働き、家事・育児を行うための）政策や制度：

＿＿＿＿＿＿＿＿＿＿＿＿＿＿＿＿＿＿＿＿＿＿＿＿＿＿＿＿＿＿＿＿＿＿＿＿＿＿＿

＿＿＿＿＿＿＿＿＿＿＿＿＿＿＿＿＿＿＿＿＿＿＿＿＿＿＿＿＿＿＿＿＿＿＿＿＿＿＿

【グループワーク】

　これから本書を読み進め、ジェンダーについて議論していく際、どのようなルール
をあらかじめ決めておけば、全員が安心して議論に参加できるだろうか。怖がらずに
意見を言うことができる、ひとりの意見だけでなくみんなの意見が大切にされる、無
理に意見を言わなくても尊重される、など、どのような環境が必要かをみんなで話し
合い、ルールを決めてみよう。

話し合ったルールの例：

＿＿＿＿＿＿＿＿＿＿＿＿＿＿＿＿＿＿＿＿＿＿＿＿＿＿＿＿＿＿＿＿＿＿＿＿＿＿＿

＿＿＿＿＿＿＿＿＿＿＿＿＿＿＿＿＿＿＿＿＿＿＿＿＿＿＿＿＿＿＿＿＿＿＿＿＿＿＿

＿＿＿＿＿＿＿＿＿＿＿＿＿＿＿＿＿＿＿＿＿＿＿＿＿＿＿＿＿＿＿＿＿＿＿＿＿＿＿

＿＿＿＿＿＿＿＿＿＿＿＿＿＿＿＿＿＿＿＿＿＿＿＿＿＿＿＿＿＿＿＿＿＿＿＿＿＿＿

所属：＿＿＿＿＿＿＿＿＿＿＿＿＿＿＿＿＿＿＿＿＿＿＿＿＿＿＿年

番号：＿＿＿＿＿＿＿＿＿＿　　名前：＿＿＿＿＿＿＿＿＿＿＿＿＿＿＿

【ワーク1】

　広告をはじめとしたメディアの中の女性像や男性像をめぐって、炎上した事例を探してみよう。それはなぜ炎上したのか、自分なりに分析してみよう。

事例：＿＿＿＿＿＿＿＿＿＿＿＿＿＿＿＿＿＿＿＿＿＿＿＿＿＿＿＿＿＿＿＿

＿＿＿＿＿＿＿＿＿＿＿＿＿＿＿＿＿＿＿＿＿＿＿＿＿＿＿＿＿＿＿＿＿＿＿＿

炎上した理由：＿＿＿＿＿＿＿＿＿＿＿＿＿＿＿＿＿＿＿＿＿＿＿＿＿＿＿＿

＿＿＿＿＿＿＿＿＿＿＿＿＿＿＿＿＿＿＿＿＿＿＿＿＿＿＿＿＿＿＿＿＿＿＿＿

＿＿＿＿＿＿＿＿＿＿＿＿＿＿＿＿＿＿＿＿＿＿＿＿＿＿＿＿＿＿＿＿＿＿＿＿

＿＿＿＿＿＿＿＿＿＿＿＿＿＿＿＿＿＿＿＿＿＿＿＿＿＿＿＿＿＿＿＿＿＿＿＿

【グループワーク】

　男性像や女性像をめぐって炎上した事例をグループでひとつ取り上げ、SNS やニュース記事、身近な人びとなどから、その表現に対する多様な意見を集めてみよう。また、意見が分かれているポイントは何か、なぜ意見が分かれているのかを話し合ってみよう。

グループで取り上げた炎上例：＿＿＿＿＿＿＿＿＿＿＿＿＿＿＿＿＿＿＿＿＿

多様な意見の例：＿＿＿＿＿＿＿＿＿＿＿＿＿＿＿＿＿＿＿＿＿＿＿＿＿＿＿

＿＿＿＿＿＿＿＿＿＿＿＿＿＿＿＿＿＿＿＿＿＿＿＿＿＿＿＿＿＿＿＿＿＿＿＿

＿＿＿＿＿＿＿＿＿＿＿＿＿＿＿＿＿＿＿＿＿＿＿＿＿＿＿＿＿＿＿＿＿＿＿＿

＿＿＿＿＿＿＿＿＿＿＿＿＿＿＿＿＿＿＿＿＿＿＿＿＿＿＿＿＿＿＿＿＿＿＿＿

意見が分かれるポイント：_____

_____

_____

_____

意見が分かれる理由：_____

_____

_____

_____

【ワーク2】
　メディアが描く男性像・女性像や、日常生活の中でのジェンダー規範について、疑問や不満など、違和感を覚えたことはなかっただろうか。それは何に対するどのような違和感だったのかを言語化してみよう。

_____

_____

_____

_____

_____

_____

所属：_____　_____年

番号：_____　　名前：_____

【ワーク1】

　性的マイノリティは「社会には一定数存在する」と記述した。性的マイノリティの人口割合に関する統計調査はさまざまに存在している。研究によってさまざまな割合が示されているので、複数のデータをインターネットや書籍などで調べてみよう。

　　　　　　　〈調べた性的マイノリティ〉　　　　　　　　　　〈割合〉

_____　　_____

_____　　_____

_____　　_____

_____　　_____

_____　　_____

【ワーク2】

　もしもあなたの身近な人が「LGBTは、私のまわりにはいませんし、いたとしても、ふつうの人ならいいと思います」と話していたら、あなたはどのように対応するか。その場ですぐに応答しなければならないこともあるだろうし、場面をあらためて対応することも考えられる。あなたの日常的なキャラクターや振る舞いとここでの行為のマッチングもあるだろう。正解は一つではないことをふまえて、「私だったらどうするか・どうしたいか」を考えてみよう。

その場での対応（どうするか・したいか）：_____

_____

_____

_____

_____

あらためての対応（どうするか・したいか）： _____

_____

_____

_____

_____

【グループワーク】
【ワーク2】で考えた内容をグループで共有してみよう。
話し合った対応方法の例（その場）：

_____

_____

_____

_____

_____

話し合った対応方法の例（あらためて）：

_____

_____

_____

_____

_____

所属： _____ _____年

番号： _____　　名前： _____

【ワーク１】

　就活サイトや就活指南本、スーツ販売店のパンフレットなどが、就活にふさわしい身だしなみとしてどのようなものをあげているか調べてみよう。性別ごとに異なっている場合、それぞれどのような特徴・傾向があるか、気がついたことを具体的に書き出してみよう。

身だしなみの例：　　　　　　　　　_____

_____　　_____

_____　　_____

(性別ごとに異なる場合の) 特徴・傾向（女性）：_____

_____

_____

(性別ごとに異なる場合の) 特徴・傾向（男性）：_____

_____

_____

【グループワーク】

　数名ずつのグループに分かれて、各自が【ワーク１】で調べた結果を報告しよう。全員の報告が終わったら、就活で求められる外見にはどのようなジェンダー差があるか整理してみよう。また、多様な背景や考え方をもつ学生がいる中で、そうした外見を求められることにはどのような問題があるか、議論してみよう。

ジェンダー差の整理：_____

_____

_____

問題点：＿＿＿＿＿＿＿＿＿＿＿＿＿＿＿＿＿＿＿＿＿＿＿＿＿

＿＿＿＿＿＿＿＿＿＿＿＿＿＿＿＿＿＿＿＿＿＿＿＿＿＿＿＿＿

【ワーク2】

　電車内やインターネット上で日常的に目にする美容広告（脱毛サロンや美容外科クリニックなどの広告）が、どんな言葉やイメージを用いて、誰に・どのような美容行為を促しているか調べてみよう。女性向けと男性向けの広告を比較し、女性の「美への疎外」と男性の「美からの疎外」というジェンダーの非対称性に変化が生じているといえるかどうか、検証してみよう。

調べた広告1：＿＿＿＿＿＿＿＿＿＿＿＿＿＿＿＿＿＿＿＿＿＿＿＿

広告の訴求対象：＿＿＿＿＿＿＿＿＿＿＿＿＿＿＿＿＿＿＿＿＿＿＿

美容行為の促し方：＿＿＿＿＿＿＿＿＿＿＿＿＿＿＿＿＿＿＿＿＿＿

＿＿＿＿＿＿＿＿＿＿＿＿＿＿＿＿＿＿＿＿＿＿＿＿＿＿＿＿＿＿＿

調べた広告2：＿＿＿＿＿＿＿＿＿＿＿＿＿＿＿＿＿＿＿＿＿＿＿＿

広告の訴求対象：＿＿＿＿＿＿＿＿＿＿＿＿＿＿＿＿＿＿＿＿＿＿＿

美容行為の促し方：＿＿＿＿＿＿＿＿＿＿＿＿＿＿＿＿＿＿＿＿＿＿

＿＿＿＿＿＿＿＿＿＿＿＿＿＿＿＿＿＿＿＿＿＿＿＿＿＿＿＿＿＿＿

女性向けと男性向けの比較、変化の検証：＿＿＿＿＿＿＿＿＿＿＿＿＿

＿＿＿＿＿＿＿＿＿＿＿＿＿＿＿＿＿＿＿＿＿＿＿＿＿＿＿＿＿＿＿

＿＿＿＿＿＿＿＿＿＿＿＿＿＿＿＿＿＿＿＿＿＿＿＿＿＿＿＿＿＿＿

所属：＿＿＿＿＿＿＿＿＿＿＿＿＿＿＿＿＿＿＿　＿＿＿＿年

番号：＿＿＿＿＿＿＿＿＿＿　　名前：＿＿＿＿＿＿＿＿＿＿＿＿

【グループワーク】

　図 5-1 の場面で、(1) A による B へのキックが保育者の注意を受けなかったのはなぜだろうか。考えられる理由をできるだけあげてみよう。(2) A が B に行っている遊びが、「いじめ」になるのはどういう場合だろうか。自分の考えと理由を書いてみよう。(1)・(2)について、他の人と話し合い、気づいたことをまとめてみよう。

(1)・＿＿＿＿＿＿＿＿＿＿＿＿＿＿＿＿＿＿＿＿＿＿＿＿＿＿

　　・＿＿＿＿＿＿＿＿＿＿＿＿＿＿＿＿＿＿＿＿＿＿＿＿

　　・＿＿＿＿＿＿＿＿＿＿＿＿＿＿＿＿＿＿＿＿＿＿＿＿

　　・＿＿＿＿＿＿＿＿＿＿＿＿＿＿＿＿＿＿＿＿＿＿＿＿

　　・＿＿＿＿＿＿＿＿＿＿＿＿＿＿＿＿＿＿＿＿＿＿＿＿

(2)いじめになるケース：＿＿＿＿＿＿＿＿＿＿＿＿＿＿＿＿

＿＿＿＿＿＿＿＿＿＿＿＿＿＿＿＿＿＿＿＿＿＿＿＿＿＿＿＿

＿＿＿＿＿＿＿＿＿＿＿＿＿＿＿＿＿＿＿＿＿＿＿＿＿＿＿＿

　　理由：＿＿＿＿＿＿＿＿＿＿＿＿＿＿＿＿＿＿＿＿＿＿＿

＿＿＿＿＿＿＿＿＿＿＿＿＿＿＿＿＿＿＿＿＿＿＿＿＿＿＿＿

＿＿＿＿＿＿＿＿＿＿＿＿＿＿＿＿＿＿＿＿＿＿＿＿＿＿＿＿

話し合って気づいたこと：＿＿＿＿＿＿＿＿＿＿＿＿＿＿＿＿

＿＿＿＿＿＿＿＿＿＿＿＿＿＿＿＿＿＿＿＿＿＿＿＿＿＿＿＿

＿＿＿＿＿＿＿＿＿＿＿＿＿＿＿＿＿＿＿＿＿＿＿＿＿＿＿＿

＿＿＿＿＿＿＿＿＿＿＿＿＿＿＿＿＿＿＿＿＿＿＿＿＿＿＿＿

【ワーク１】
〈同意をとらずにふざけて他人の服を脱がしたり、ズボンをずらしたりすることは性的な侵害行為にあたり、性別によらず友人間を含めて許されない〉という人権（安心・自由）尊重のルールについて、自分の意見を書いてみよう。

_____

_____

_____

_____

【ワーク２】
男性の笑いをともなう侵害的な行為は、漫画やテレビ番組、動画やSNSなどでも見られる。それは、あなたにどんな影響を与えてきただろうか。今あらためて、自分が気になる場面を取り上げ、その行為が大きな問題にならない理由と文化を分析してみよう。

影響：_____

_____

気になる場面：_____

_____

_____

問題にならない理由と文化：_____

_____

_____

【ワーク1】

　本章で取り上げた大学の不正入試問題は、受験生をはじめとする世の中の人びとにどう受け止められていたのだろうか。過去の報道記事を手がかりにして、当時の状況について考えてみよう。

当時の人びとの受け止め方：＿＿＿＿＿＿＿＿＿＿＿＿＿＿＿＿＿＿＿＿＿＿＿＿＿

＿＿＿＿＿＿＿＿＿＿＿＿＿＿＿＿＿＿＿＿＿＿＿＿＿＿＿＿＿＿＿＿＿＿＿＿＿＿＿

＿＿＿＿＿＿＿＿＿＿＿＿＿＿＿＿＿＿＿＿＿＿＿＿＿＿＿＿＿＿＿＿＿＿＿＿＿＿＿

＿＿＿＿＿＿＿＿＿＿＿＿＿＿＿＿＿＿＿＿＿＿＿＿＿＿＿＿＿＿＿＿＿＿＿＿＿＿＿

報道を調べて考えたこと：＿＿＿＿＿＿＿＿＿＿＿＿＿＿＿＿＿＿＿＿＿＿＿＿＿＿

＿＿＿＿＿＿＿＿＿＿＿＿＿＿＿＿＿＿＿＿＿＿＿＿＿＿＿＿＿＿＿＿＿＿＿＿＿＿＿

＿＿＿＿＿＿＿＿＿＿＿＿＿＿＿＿＿＿＿＿＿＿＿＿＿＿＿＿＿＿＿＿＿＿＿＿＿＿＿

＿＿＿＿＿＿＿＿＿＿＿＿＿＿＿＿＿＿＿＿＿＿＿＿＿＿＿＿＿＿＿＿＿＿＿＿＿＿＿

【ワーク2】

　これまでの学校生活を振り返って、どんなところにジェンダー・バランスの偏りが生じていたのかを思い出してみよう。また、その偏りはなぜ生じていたのかについても考えてみよう。

偏りがあったところ：＿＿＿＿＿＿＿＿＿＿＿＿＿＿＿＿＿＿＿＿＿＿＿＿＿＿＿＿

＿＿＿＿＿＿＿＿＿＿＿＿＿＿＿＿＿＿＿＿＿＿＿＿＿＿＿＿＿＿＿＿＿＿＿＿＿＿＿

＿＿＿＿＿＿＿＿＿＿＿＿＿＿＿＿＿＿＿＿＿＿＿＿＿＿＿＿＿＿＿＿＿＿＿＿＿＿＿

＿＿＿＿＿＿＿＿＿＿＿＿＿＿＿＿＿＿＿＿＿＿＿＿＿＿＿＿＿＿＿＿＿＿＿＿＿＿＿

＿＿＿＿＿＿＿＿＿＿＿＿＿＿＿＿＿＿＿＿＿＿＿＿＿＿＿＿＿＿＿＿＿＿＿＿＿＿＿

偏りの理由：＿＿＿＿＿＿＿＿＿＿＿＿＿＿＿＿＿＿＿＿＿＿＿＿＿

＿＿＿＿＿＿＿＿＿＿＿＿＿＿＿＿＿＿＿＿＿＿＿＿＿＿＿＿＿＿＿＿

＿＿＿＿＿＿＿＿＿＿＿＿＿＿＿＿＿＿＿＿＿＿＿＿＿＿＿＿＿＿＿＿

＿＿＿＿＿＿＿＿＿＿＿＿＿＿＿＿＿＿＿＿＿＿＿＿＿＿＿＿＿＿＿＿

【グループワーク】

　学校教育における隠れたカリキュラムにはどのようなものがあるだろうか。また、それを解消するためにはどのような手だてが有効だろうか。本章で取り上げたもの以外も含め、グループで議論してみよう。

隠れたカリキュラムの例：＿＿＿＿＿＿＿＿＿＿＿＿＿＿＿＿＿＿＿

＿＿＿＿＿＿＿＿＿＿＿＿＿＿＿＿＿＿＿＿＿＿＿＿＿＿＿＿＿＿＿＿

＿＿＿＿＿＿＿＿＿＿＿＿＿＿＿＿＿＿＿＿＿＿＿＿＿＿＿＿＿＿＿＿

＿＿＿＿＿＿＿＿＿＿＿＿＿＿＿＿＿＿＿＿＿＿＿＿＿＿＿＿＿＿＿＿

解消するための手だて：＿＿＿＿＿＿＿＿＿＿＿＿＿＿＿＿＿＿＿＿＿

＿＿＿＿＿＿＿＿＿＿＿＿＿＿＿＿＿＿＿＿＿＿＿＿＿＿＿＿＿＿＿＿

＿＿＿＿＿＿＿＿＿＿＿＿＿＿＿＿＿＿＿＿＿＿＿＿＿＿＿＿＿＿＿＿

＿＿＿＿＿＿＿＿＿＿＿＿＿＿＿＿＿＿＿＿＿＿＿＿＿＿＿＿＿＿＿＿

＿＿＿＿＿＿＿＿＿＿＿＿＿＿＿＿＿＿＿＿＿＿＿＿＿＿＿＿＿＿＿＿

所属：＿＿＿＿＿＿＿＿＿＿＿＿＿＿＿＿＿＿＿＿＿　＿＿＿＿年

番号：＿＿＿＿＿＿＿＿＿＿　名前：＿＿＿＿＿＿＿＿＿＿＿＿＿

【ワーク1】

　好きなスポーツをひとつ選び、競技レベルや年齢、ジェンダー、人種・民族・国籍、障害の有無など多様な背景や身体の状態をもつ人がプレーする様子や記録をみてみよう。そのうえで、スポーツについて語るときにみられるステレオタイプ（ジェンダーに限らない）にはどのようなものがあるか、具体例をいくつかあげて考えてみよう。生活の中での近しい人とのやりとりでも、メディア報道やSNSの中のものでもよい。

選んだスポーツ：_____

ステレオタイプの例：

・ _____

_____

・ _____

_____

・ _____

_____

・ _____

_____

【ワーク2】

　巻末資料「男女800mメダリストの記録比較」は、2016年のオリンピック・リオデジャネイロ大会と、2021年のオリンピック東京大会における男女の800m走のメダリストの記録を並べたものである。2016年の大会では、テストステロン値の高い女性の出場を禁じた「高アンドロゲン症規定」の運用が一時的に停止されていた。2021年の大会ではその運用が再開され、2016年大会の金銀銅メダリストの3人（セメンヤ、ニオンサバ、ワンブイ）が失格とされ、出場していない。性別確認検査の歴史を振り返ったうえでこれらの記録を比較し、テストステロン値の高さによって女性の出場資格を制限するルールのあり方について考えてみよう。競技環境を比較するために、男子の記録も参考にしてみよう。

_____

_____

_____

_____

_____

【グループワーク】

　近年、世界のあちこちで男女ミックス、あるいは性別を問わないスポーツ実践の場をつくる試みが進められている。グループごとにそういった事例を探し、その理念や参加者の経験について調査してみよう。ジェンダーとセクシュアリティ、人権、未来のスポーツという視点から、それぞれの取り組みの意義についてクラスで議論してみよう。

事例：_____

理念や経験：_____

_____

_____

意義：_____

_____

_____

_____

所属：_____ _____年

番号：_____　　名前：_____

【ワーク1】

　続きを読む前に、あなた自身は「少子化」の原因は何だと思うか、書き出してみよう。

- _____

- _____

- _____

- _____

【グループワーク】

　グループで、恋愛や結婚を描く映画やドラマなどの作品を選び、そこから見えるその時代の恋愛観や結婚観は何か、話し合ってみよう。

作品：_____

恋愛観：_____

_____

_____

_____

結婚観：_____

_____

_____

_____

【ワーク２】

　自分がこれまで住んだ市町村や、将来住みたい市町村などで取り組まれている少子化対策を調べてみよう。また、その対策は、本節で紹介した「少子化に関する基本的考え方について」や、リプロダクティブ・ライツの視点をふまえているか検討してみよう。

これまで住んだ市町村または将来住みたい市町村：_____

少子化対策：_____

_____

_____

_____

_____

対策の評価（課題や問題点）：_____

_____

_____

_____

_____

所属：_____　_____年

　番号：_____　名前：_____

【ワーク1】

　「家族」と聞いて、あなたが思い浮かべるのは誰だろうか。自分にとっての家族を書き出してみよう。犬や猫といったペット、亡くなってしまった人、人好きなアイドルや大切なぬいぐるみを入れる人もいるかもしれない。また、相手から自分は家族と思われているかも合わせて考えてみよう。

〈思い浮かべた対象〉　　　　　　　〈自分はどう思われているか〉

_____　　_____

_____　　_____

_____　　_____

_____　　_____

【グループワーク】

　アニメやマンガ、ドラマや映画、CM、小説、ゲームなど、家族像はメディアにあふれている。家族が登場する自分の好きな作品や最近見たコンテンツなどを持ち寄り、グループでどのような家族が描かれていたか調べよう。家族メンバーは何人か、血縁関係、婚姻関係、同居・非同居などを整理・分類して、メディアに描かれやすい家族像を具体的に考え、さらに描かれていない家族像はどのようなものかを考えてみよう。

自分が選んだ作品：_____

その作品の家族関係：_____

_____

_____

_____

グループで共有したメディアに描かれやすい家族像：

_____

_____

_____

_____

グループで共有したメディアに描かれていない家族像：

_____

_____

_____

_____

【ワーク　】

　「もし、　　知らぬ人と暮らすことになったら」と想像してほしい。「家族」であれば、あなたが　　になったときに介抱してくれたり、落ち込んだときに話を聞いてくれたり、楽しく　　者に食事をしたり、ということを想像できるだろう。しかし、それは「家族」でなく　　ら実現できることでもある。見知らぬ人との「家族のような暮らし」を想像するこ　　、「家族」とはいったい、どのようなものであるのか、あらためて考えてみよう。

_____

_____

_____

_____

所属：_____　_____年

　番号：_____　名前：_____

【グループワーク】

女性専用車両は男性差別だろうか。また、女性専用車両があるのなら、男性専用車両も必要だろうか。その理由についても、グループで話し合ってみよう。

女性専用車両は男性差別か：＿＿＿＿＿＿＿＿＿＿＿＿＿＿＿＿＿＿＿＿＿＿＿＿＿

男性専用車両も必要か：＿＿＿＿＿＿＿＿＿＿＿＿＿＿＿＿＿＿＿＿＿＿＿＿＿＿＿

理由：＿＿＿＿＿＿＿＿＿＿＿＿＿＿＿＿＿＿＿＿＿＿＿＿＿＿＿＿＿＿＿＿＿＿＿

＿＿＿＿＿＿＿＿＿＿＿＿＿＿＿＿＿＿＿＿＿＿＿＿＿＿＿＿＿＿＿＿＿＿＿＿＿＿

＿＿＿＿＿＿＿＿＿＿＿＿＿＿＿＿＿＿＿＿＿＿＿＿＿＿＿＿＿＿＿＿＿＿＿＿＿＿

＿＿＿＿＿＿＿＿＿＿＿＿＿＿＿＿＿＿＿＿＿＿＿＿＿＿＿＿＿＿＿＿＿＿＿＿＿＿

【ワーク1】

　性犯罪は暗数の多い犯罪であるといわれる。(1)暗数が多いのはなぜか、(2)暗数が多いとどんな問題があるか、(3)それを改善するにはどうしたらいいか考えてみよう。

(1)＿＿＿＿＿＿＿＿＿＿＿＿＿＿＿＿＿＿＿＿＿＿＿＿＿＿＿＿＿＿＿＿＿＿＿＿

＿＿＿＿＿＿＿＿＿＿＿＿＿＿＿＿＿＿＿＿＿＿＿＿＿＿＿＿＿＿＿＿＿＿＿＿＿＿

＿＿＿＿＿＿＿＿＿＿＿＿＿＿＿＿＿＿＿＿＿＿＿＿＿＿＿＿＿＿＿＿＿＿＿＿＿＿

＿＿＿＿＿＿＿＿＿＿＿＿＿＿＿＿＿＿＿＿＿＿＿＿＿＿＿＿＿＿＿＿＿＿＿＿＿＿

(2)＿＿＿＿＿＿＿＿＿＿＿＿＿＿＿＿＿＿＿＿＿＿＿＿＿＿＿＿＿＿＿＿＿＿＿＿

＿＿＿＿＿＿＿＿＿＿＿＿＿＿＿＿＿＿＿＿＿＿＿＿＿＿＿＿＿＿＿＿＿＿＿＿＿＿

＿＿＿＿＿＿＿＿＿＿＿＿＿＿＿＿＿＿＿＿＿＿＿＿＿＿＿＿＿＿＿＿＿＿＿＿＿＿

＿＿＿＿＿＿＿＿＿＿＿＿＿＿＿＿＿＿＿＿＿＿＿＿＿＿＿＿＿＿＿＿＿＿＿＿＿＿

(3)

_____

_____

_____

_____

【ワーク2】

　2017 年、2023 年の刑法性犯罪規定の改正は、いずれも、長い間、性暴力被害当事者らが求めていたものである。その内容や今後の課題について、新聞記事のデータベースや法務省のホームページ等で調べてみよう。

内容：_____

_____

_____

_____

課題：_____

_____

_____

_____

所属：_____　_____年

番号：_____　名前：_____

【ワーク1】

　UN WOMEN 日本事務所の web サイトに掲載されている「女性と女児に対する暴力：陰のパンデミック（世界的大流行）–仮訳」（巻末資料）を読み、このような緊急の呼びかけがなぜ必要だったかを考えてみよう。

_____

_____

_____

_____

【ワーク2】

　ジェンダーやセクシュアリティの観点も含め、すべての人が安心して過ごせる避難所とは、どのような空間だろうか。必要な物資やルールをいくつでも書き出してみよう。また、避難所のレイアウトも考えてみよう。

空間：_____

_____

_____

物資：_____

_____

_____

ルール：_____

_____

_____

レイアウト：

【グループワーク】
　地域防災計画をみてみよう。自分の住む町や出身地、学校所在地など身近な市町村の地域防災計画をインターネットで調べ、ジェンダーやセクシュアリティの視点がどこまで取り入れられているか、グループのメンバーで比較してみよう。

市町村名：＿＿＿＿＿＿＿＿＿＿＿＿＿＿＿＿＿

ジェンダーやセクシュアリティの視点からみた防災計画：

＿＿＿＿＿＿＿＿＿＿＿＿＿＿＿＿＿＿＿＿＿＿＿＿＿＿＿＿＿＿＿＿＿＿＿

＿＿＿＿＿＿＿＿＿＿＿＿＿＿＿＿＿＿＿＿＿＿＿＿＿＿＿＿＿＿＿＿＿＿＿

＿＿＿＿＿＿＿＿＿＿＿＿＿＿＿＿＿＿＿＿＿＿＿＿＿＿＿＿＿＿＿＿＿＿＿

＿＿＿＿＿＿＿＿＿＿＿＿＿＿＿＿＿＿＿＿＿＿＿＿＿＿＿＿＿＿＿＿＿＿＿

＿＿＿＿＿＿＿＿＿＿＿＿＿＿＿＿＿＿＿＿＿＿＿＿＿＿＿＿＿＿＿＿＿＿＿

＿＿＿＿＿＿＿＿＿＿＿＿＿＿＿＿＿＿＿＿＿＿＿＿＿＿＿＿＿＿＿＿＿＿＿

所属：＿＿＿＿＿＿＿＿＿＿＿＿＿＿＿＿＿＿＿＿＿＿＿＿　＿＿＿＿年

番号：＿＿＿＿＿＿＿＿＿＿＿　　名前：＿＿＿＿＿＿＿＿＿＿＿＿＿＿＿

【ワーク1】

　あなたがもつフェミニズムのイメージ、またそのようにイメージした理由について書いてみよう。

フェミニズムのイメージ：＿＿＿＿＿＿＿＿＿＿＿＿＿＿＿＿＿＿＿＿＿＿＿＿＿

＿＿＿＿＿＿＿＿＿＿＿＿＿＿＿＿＿＿＿＿＿＿＿＿＿＿＿＿＿＿＿＿＿＿＿＿＿＿

イメージした理由：＿＿＿＿＿＿＿＿＿＿＿＿＿＿＿＿＿＿＿＿＿＿＿＿＿＿＿＿＿

＿＿＿＿＿＿＿＿＿＿＿＿＿＿＿＿＿＿＿＿＿＿＿＿＿＿＿＿＿＿＿＿＿＿＿＿＿＿

＿＿＿＿＿＿＿＿＿＿＿＿＿＿＿＿＿＿＿＿＿＿＿＿＿＿＿＿＿＿＿＿＿＿＿＿＿＿

＿＿＿＿＿＿＿＿＿＿＿＿＿＿＿＿＿＿＿＿＿＿＿＿＿＿＿＿＿＿＿＿＿＿＿＿＿＿

【ワーク2】

　運動のオーガナイザーとなり、本書が取り扱うさまざまなジェンダーの問題から自分がもっとも関心をもつテーマを選び、実際に運動を考えてみよう。運動への参加を呼びかけるためにどのようなハッシュタグを使うか、どのようなクラフトを使って運動を展開するかを考案し、それぞれの理由も書いてみよう。

テーマ：＿＿＿＿＿＿＿＿＿＿＿＿＿＿＿＿＿＿＿＿＿＿＿＿＿＿＿＿＿＿＿＿＿＿＿

ハッシュタグ：＿＿＿＿＿＿＿＿＿＿＿＿＿＿＿＿＿＿＿＿＿＿＿＿＿＿＿＿＿＿＿＿

＿＿＿＿＿＿＿＿＿＿＿＿＿＿＿＿＿＿＿＿＿＿＿＿＿＿＿＿＿＿＿＿＿＿＿＿＿＿

そのハッシュタグを使う理由：＿＿＿＿＿＿＿＿＿＿＿＿＿＿＿＿＿＿＿＿＿＿＿＿

＿＿＿＿＿＿＿＿＿＿＿＿＿＿＿＿＿＿＿＿＿＿＿＿＿＿＿＿＿＿＿＿＿＿＿＿＿＿

＿＿＿＿＿＿＿＿＿＿＿＿＿＿＿＿＿＿＿＿＿＿＿＿＿＿＿＿＿＿＿＿＿＿＿＿＿＿

＿＿＿＿＿＿＿＿＿＿＿＿＿＿＿＿＿＿＿＿＿＿＿＿＿＿＿＿＿＿＿＿＿＿＿＿＿＿

クラフト：＿＿＿＿＿＿＿＿＿＿＿＿＿＿＿＿＿＿＿＿＿＿＿＿＿＿＿＿＿＿＿＿

＿＿＿＿＿＿＿＿＿＿＿＿＿＿＿＿＿＿＿＿＿＿＿＿＿＿＿＿＿＿＿＿＿＿＿＿＿＿

そのクラフトを選んだ理由：＿＿＿＿＿＿＿＿＿＿＿＿＿＿＿＿＿＿＿＿＿＿＿＿

＿＿＿＿＿＿＿＿＿＿＿＿＿＿＿＿＿＿＿＿＿＿＿＿＿＿＿＿＿＿＿＿＿＿＿＿＿＿

＿＿＿＿＿＿＿＿＿＿＿＿＿＿＿＿＿＿＿＿＿＿＿＿＿＿＿＿＿＿＿＿＿＿＿＿＿＿

＿＿＿＿＿＿＿＿＿＿＿＿＿＿＿＿＿＿＿＿＿＿＿＿＿＿＿＿＿＿＿＿＿＿＿＿＿＿

＿＿＿＿＿＿＿＿＿＿＿＿＿＿＿＿＿＿＿＿＿＿＿＿＿＿＿＿＿＿＿＿＿＿＿＿＿＿

【グループワーク】
　【ワーク2】で考案した各自の運動をグループで発表し合い、それぞれに気づいたことを話し合ってみよう。

＿＿＿＿＿＿＿＿＿＿＿＿＿＿＿＿＿＿＿＿＿＿＿＿＿＿＿＿＿＿＿＿＿＿＿＿＿＿

＿＿＿＿＿＿＿＿＿＿＿＿＿＿＿＿＿＿＿＿＿＿＿＿＿＿＿＿＿＿＿＿＿＿＿＿＿＿

＿＿＿＿＿＿＿＿＿＿＿＿＿＿＿＿＿＿＿＿＿＿＿＿＿＿＿＿＿＿＿＿＿＿＿＿＿＿

＿＿＿＿＿＿＿＿＿＿＿＿＿＿＿＿＿＿＿＿＿＿＿＿＿＿＿＿＿＿＿＿＿＿＿＿＿＿

＿＿＿＿＿＿＿＿＿＿＿＿＿＿＿＿＿＿＿＿＿＿＿＿＿＿＿＿＿＿＿＿＿＿＿＿＿＿

＿＿＿＿＿＿＿＿＿＿＿＿＿＿＿＿＿＿＿＿＿＿＿＿＿＿＿＿＿＿＿＿＿＿＿＿＿＿

＿＿＿＿＿＿＿＿＿＿＿＿＿＿＿＿＿＿＿＿＿＿＿＿＿＿＿＿＿＿＿＿＿＿＿＿＿＿

【ワーク1】

　過去3日間を振り返り、日常生活で遭遇した多様性（文化や言語の違い、食事や服装などの慣習の違い、考え方の違い）を書き出してみよう。また、多様性と遭遇したことで、自分の中にどのような感情や気づきが生じたか考察してみよう。

遭遇した多様性：＿＿＿＿＿＿＿＿＿＿＿＿＿＿＿＿＿＿＿＿＿＿＿＿＿＿＿＿＿＿

＿＿＿＿＿＿＿＿＿＿＿＿＿＿＿＿＿＿＿＿＿＿＿＿＿＿＿＿＿＿＿＿＿＿＿＿＿＿＿

＿＿＿＿＿＿＿＿＿＿＿＿＿＿＿＿＿＿＿＿＿＿＿＿＿＿＿＿＿＿＿＿＿＿＿＿＿＿＿

感情や気づき：＿＿＿＿＿＿＿＿＿＿＿＿＿＿＿＿＿＿＿＿＿＿＿＿＿＿＿＿＿＿＿＿

＿＿＿＿＿＿＿＿＿＿＿＿＿＿＿＿＿＿＿＿＿＿＿＿＿＿＿＿＿＿＿＿＿＿＿＿＿＿＿

＿＿＿＿＿＿＿＿＿＿＿＿＿＿＿＿＿＿＿＿＿＿＿＿＿＿＿＿＿＿＿＿＿＿＿＿＿＿＿

＿＿＿＿＿＿＿＿＿＿＿＿＿＿＿＿＿＿＿＿＿＿＿＿＿＿＿＿＿＿＿＿＿＿＿＿＿＿＿

【ワーク2】

　藤原久美子さんの「周辺から問う──障害女性の運動が重視するもの」（https://irdb.nii.ac.jp/00835/0005125839）、伊是名夏子さんの『ママは身長100cm』（ディスカヴァー・トゥエンティワン）、土屋葉さんらの『障害があり女性であること』（現代書館）のいずれかを読み、本章で取り上げた事柄以外に、障害のない女性と障害のある女性との間にどのような経験の違いがあるか、まとめてみよう。

選んだ文献：＿＿＿＿＿＿＿＿＿＿＿＿＿＿＿＿＿＿＿＿＿＿＿＿＿＿＿＿＿＿＿＿＿

経験の違い：＿＿＿＿＿＿＿＿＿＿＿＿＿＿＿＿＿＿＿＿＿＿＿＿＿＿＿＿＿＿＿＿＿

＿＿＿＿＿＿＿＿＿＿＿＿＿＿＿＿＿＿＿＿＿＿＿＿＿＿＿＿＿＿＿＿＿＿＿＿＿＿＿

＿＿＿＿＿＿＿＿＿＿＿＿＿＿＿＿＿＿＿＿＿＿＿＿＿＿＿＿＿＿＿＿＿＿＿＿＿＿＿

＿＿＿＿＿＿＿＿＿＿＿＿＿＿＿＿＿＿＿＿＿＿＿＿＿＿＿＿＿＿＿＿＿＿＿＿＿＿＿

_____

_____

_____

_____

【グループワーク】

　グループになって、【ワーク2】でまとめたことを紹介し合おう。そのうえで、経験の違いの背景に何があるのかについて、事例に即しながら議論してみよう。

経験の違いの背景（議論のメモ）：

- _____

_____

- _____

_____

- _____

_____

- _____

_____

- _____

_____

所属：_____　_____年

番号：_____　　名前：_____

【ワーク１】

(2)あなた自身、社会におけるみずからの位置について、どのように感じただろうか。また、「特権」を自覚すると、どんな気分になるだろうか。なぜ、そのような気分になるのだろうか。それぞれ考えてみよう。　　　　　　　（栗本・伏見2024参照）

感じたことや気分：＿＿＿＿＿＿＿＿＿＿＿＿＿＿＿＿＿＿＿＿＿＿＿＿＿

＿＿＿＿＿＿＿＿＿＿＿＿＿＿＿＿＿＿＿＿＿＿＿＿＿＿＿＿＿＿＿＿＿＿＿

＿＿＿＿＿＿＿＿＿＿＿＿＿＿＿＿＿＿＿＿＿＿＿＿＿＿＿＿＿＿＿＿＿＿＿

理由：＿＿＿＿＿＿＿＿＿＿＿＿＿＿＿＿＿＿＿＿＿＿＿＿＿＿＿＿＿＿＿＿

＿＿＿＿＿＿＿＿＿＿＿＿＿＿＿＿＿＿＿＿＿＿＿＿＿＿＿＿＿＿＿＿＿＿＿

＿＿＿＿＿＿＿＿＿＿＿＿＿＿＿＿＿＿＿＿＿＿＿＿＿＿＿＿＿＿＿＿＿＿＿

＿＿＿＿＿＿＿＿＿＿＿＿＿＿＿＿＿＿＿＿＿＿＿＿＿＿＿＿＿＿＿＿＿＿＿

【ワーク２】

　これまであなたが見聞きした言葉で、マイクロアグレッションではないかと思われるものはあるだろうか。それらをあげてみよう。そして、今後、あなたがそのような言葉に出会ったとき、どういった言説でそれに対抗できるのか、具体的に考えてみよう。

マイクロアグレッションだと思われる言葉	対抗するための言葉

【グループワーク】

　【ワーク1】で考えた「特権」について、気づいたことを意見交換してみよう（みずからの具体的な「特権」の内容について、触れる必要はない）。「特権」を自覚する際の気持ちについても、話し合ってみよう。また、みずからの「特権」を使って、社会をどのように変えていくことができるだろうか。具体的に何かできそうなことはあるだろうか。話し合ってみよう。

(栗本・伏見　2024 参照)

社会の変え方：＿＿＿＿＿＿＿＿＿＿＿＿＿＿＿＿＿＿＿＿＿＿＿＿＿＿＿＿＿

＿＿＿＿＿＿＿＿＿＿＿＿＿＿＿＿＿＿＿＿＿＿＿＿＿＿＿＿＿＿＿＿＿＿＿＿

＿＿＿＿＿＿＿＿＿＿＿＿＿＿＿＿＿＿＿＿＿＿＿＿＿＿＿＿＿＿＿＿＿＿＿＿

＿＿＿＿＿＿＿＿＿＿＿＿＿＿＿＿＿＿＿＿＿＿＿＿＿＿＿＿＿＿＿＿＿＿＿＿

具体的にできそうなこと：＿＿＿＿＿＿＿＿＿＿＿＿＿＿＿＿＿＿＿＿＿＿＿

＿＿＿＿＿＿＿＿＿＿＿＿＿＿＿＿＿＿＿＿＿＿＿＿＿＿＿＿＿＿＿＿＿＿＿＿

＿＿＿＿＿＿＿＿＿＿＿＿＿＿＿＿＿＿＿＿＿＿＿＿＿＿＿＿＿＿＿＿＿＿＿＿

＿＿＿＿＿＿＿＿＿＿＿＿＿＿＿＿＿＿＿＿＿＿＿＿＿＿＿＿＿＿＿＿＿＿＿＿

＿＿＿＿＿＿＿＿＿＿＿＿＿＿＿＿＿＿＿＿＿＿＿＿＿＿＿＿＿＿＿＿＿＿＿＿

所属：＿＿＿＿＿＿＿＿＿＿＿＿＿＿＿＿＿＿＿＿＿　＿＿＿＿＿年

番号：＿＿＿＿＿＿＿＿＿＿＿　　名前：＿＿＿＿＿＿＿＿＿＿＿＿＿＿＿

【ワーク1】

　新聞記事で「男性」や「女性」が使われている例を探し、そこで性別が言及されている必然性はあるのか考えてみよう。

探した記事の内容と媒体（新聞社名など）	必然性の有無と理由

【ワーク2】

　これまで観たことのある映画やドラマ、読んだことのある漫画や小説で、トランスジェンダーの登場人物はどれくらい出てきただろう。また、それらの登場人物はどのように描かれていただろうか。トランスジェンダーの当事者の人たちからの批判や評価もあれば、それも調べつつ考えてみよう。

どれくらい出てきたか：＿＿＿＿＿＿＿＿＿＿＿＿＿＿＿＿＿＿＿＿＿＿＿＿＿＿

出てきた作品1：＿＿＿＿＿＿＿＿＿＿＿＿＿＿＿＿＿＿＿＿＿＿＿＿＿＿＿＿＿

その人物の描かれ方：＿＿＿＿＿＿＿＿＿＿＿＿＿＿＿＿＿＿＿＿＿＿＿＿＿＿

＿＿＿＿＿＿＿＿＿＿＿＿＿＿＿＿＿＿＿＿＿＿＿＿＿＿＿＿＿＿＿＿＿＿＿＿

批判や評価：＿＿＿＿＿＿＿＿＿＿＿＿＿＿＿＿＿＿＿＿＿＿＿＿＿＿＿＿＿＿

＿＿＿＿＿＿＿＿＿＿＿＿＿＿＿＿＿＿＿＿＿＿＿＿＿＿＿＿＿＿＿＿＿＿＿＿

＿＿＿＿＿＿＿＿＿＿＿＿＿＿＿＿＿＿＿＿＿＿＿＿＿＿＿＿＿＿＿＿＿＿＿＿

出てきた作品2：＿＿＿＿＿＿＿＿＿＿＿＿＿＿＿＿＿＿＿＿＿＿＿＿＿＿＿

その人物の描かれ方：＿＿＿＿＿＿＿＿＿＿＿＿＿＿＿＿＿＿＿＿＿＿＿

＿＿＿＿＿＿＿＿＿＿＿＿＿＿＿＿＿＿＿＿＿＿＿＿＿＿＿＿＿＿＿＿＿

批判や評価：＿＿＿＿＿＿＿＿＿＿＿＿＿＿＿＿＿＿＿＿＿＿＿＿＿＿＿

＿＿＿＿＿＿＿＿＿＿＿＿＿＿＿＿＿＿＿＿＿＿＿＿＿＿＿＿＿＿＿＿＿

＿＿＿＿＿＿＿＿＿＿＿＿＿＿＿＿＿＿＿＿＿＿＿＿＿＿＿＿＿＿＿＿＿

【グループワーク】

　トランスジェンダーの人が法的に登録された性別を書き換えられるようにする法律は、第2節で触れたように「性別承認法」と呼ばれる。日本に存在する性別承認法について、これまでに下った裁判の判決やその論理を参考にしつつ、その問題点を調べてみよう。

所属：＿＿＿＿＿＿＿＿＿＿＿＿＿＿＿＿＿＿＿＿＿＿＿＿＿＿　＿＿＿＿年

番号：＿＿＿＿＿＿＿＿＿＿＿　　名前：＿＿＿＿＿＿＿＿＿＿＿＿＿＿＿

巻末資料

男女800mメダリストの記録比較
（Schultz, J., *Regulating Bodies: Elite Sport Policies and Their Unintended Consequences*（Oxford University Press, 2024）より筆者作成）

	女子800m リオ 2016	女子800m 東京 2020	男子800m リオ 2016	男子800m 東京 2020
金	C.セメンヤ （南アフリカ）1：55.28	A.ムー （アメリカ）1：55.21	D.ルディシャ （ケニア）1：42.15	E.コリル （ケニア）1：45.06
銀	F.ニオンサバ （ブルンジ）1：56.49	K.ホジキンソン （イギリス）1：55.88	T.マフルーフィ （アルジェリア） 1：42.61	F.ロティッチ （ケニア）1：45.23
銅	M.ワンブイ （ケニア）1：56.89	R.ロジャーズ （アメリカ）1：56.81	C.マーフィー （アメリカ）1：42.93	P.ドベク （ポーランド）1：45.39

　90か国がロックダウン（都市封鎖）状態にある中、40億人がCOVID-19から身を守るため自宅待機となっています。これは人々を保護する手段であると共に大きな危険をもたらします。女性に対する暴力という隠れたパンデミック（世界的大流行）が増加しています。

　感染と都市封鎖を報告する国が増えると共に、ドメスティックバイオレンス（DV）ヘルプラインやシェルターに助けを求める声が増えています。アルゼンチン、カナダ、フランス、ドイツ、スペイン、イギリス、アメリカの政府機関、女性団体、市民社会関係者はDV報告の増加と緊急保護施設（シェルター）設置を増やす必要性について注意喚起しています。シンガポールとキプロスにおけるヘルプラインへの相談は30％増加しています。オーストラリアのニューサウスウエールズで調査を最前線で行っている40％の人たちは、エスカレートする暴力に対し、助けを求める声が増加していることを報告しています。

　安全・健康・経済的な不安からくる緊張と負担が、家等に閉じ込められる状況により助長されます。そして暴力をふるうパートナーと向き合う女性たちの孤立を増やし、必要な助けから遠ざけます。閉ざされた空間で相手を支配し暴力的なふるまいが頻発します。同時に医療崩壊が間近に迫る中、DVシェルターも受け入れ態勢に限界がきており、さらなるCOVID-19対応のために提供するサービスにも影響がでています。

　COVID-19が発生する前から、DVは最大の人権侵害の一つでした。過去12か月で2.43億人の世界中の女性と女の子（15歳から49歳）が身近なパートナーによる性的・

身体的暴力の対象となっていました。COVID-19 の流行が続く中、女性の幸福度、性と生殖に関する健康、メンタルヘルス、社会と経済の復興に参加し主導する能力などへの様々な影響と共に、暴力を受ける人数も増えるでしょう。

暴力を経験した女性が助けを求めたり、告発するのは 40％以下にすぎず、多くの DV や他の形の暴力が報告されない中、データの収集は困難でした。救済を求めた女性でも 10％以下しか警察に届けません。女性や女の子の通報手段へのアクセスが制限され、警察、司法、行政等が混乱する中、現状ではさらに救済を求めることは困難となります。これらの混乱は暴力のサバイバーが必要である支援、例えばレイプに関する臨床管理、精神保健、心理社会的支援にも影響があります。犯罪者の不処罰にも繋がります。多くの国では法律は女性側にたったものではありません。世界で 4 か国に 1 か国は女性を DV から守る特定の法律がありません。

もしこの隠れた影の大流行に取り組まなければ、既にある COVID-19 の経済的インパクトに更なる悪影響を及ぼします。女性に対する暴力の世界的な経済的コストは約 1.5 兆米ドルだと推定されていました。女性に対する暴力が増加する中、このコストはさらに増えるばかりでありパンデミックが終わった後も続きます。

女性に対する暴力増加への対策は、複合的な差別を受ける女性のニーズと課題の深刻度、規模に配慮した経済的支援、景気対策と共に早急に取り組まなければなりません。国連事務総長はすべての政府に対し、女性に対する暴力の予防と是正を国の COVID-19 対策の主要な部分とすることを求めました。すべての国において、女性のためのシェルターやヘルプラインは機能を継続する最低限の業務とし、そのための予算配分を行い、その存在を広く知らしめなければなりません。

過去の危機において草の根の団体、女性団体、市民社会は防止と対策において重要な役割を果たしました。これらの最前線で働く団体に資金を含め長期間にわたって支援していかなくてはなりません。ヘルプライン、心理社会的サポート、オンライン相談を増やし、ショートメッセージサービスなどテクノロジーを使ったオンラインや SNS による社会的な支援を強化すべきです。また、電話やインターネットにアクセスのない女性たちに手を差し伸べなくてはなりません。女性と女の子への暴力事案が優先的に扱われ、加害者が不処罰とならないよう警察や司法サービスを動員しなければなりません。

COVID-19 は我々にかつてない試練を与え、乗り越えることが難しい感情的・経済的ショックを与えています。暴力はこのパンデミックの暗い特徴として表れていますが、これは我々の価値観、強靭性、共有する人間性への挑戦であり鏡です。我々はコロナウイルスから生き残るだけではなく、女性が復興の中心・強力な力となって、新たに立ち上がらなければなりません。

本文はこちらからご覧ください（英語）：https://www.unwomen.org/en/news/stories/2020/4/statement-ed-phumzile-violence-against-women-during-pandemic

（ムランボ゠ヌクカ, P.（UN Women 事務局長）声明「女性と女児に対する暴力：陰のパンデミック（世界的大流行）-仮訳」2020 年 4 月 7 日（2025 年 1 月 9 日取得, https://japan.unwomen.org/ja/news-and-events/news/2020/4/violence-against-women-and-girls-the-shadow-pandemic）より）